COLLECTION MICHEL LÉVY
— 1 franc le volume —
1 franc 25 centimes a l'étranger

LOUIS REYBAUD

L'INDUSTRIE

EN EUROPE

PARIS

MICHEL LÉVY FRÈRES, LIBRAIRES-ÉDITEURS

RUE VIVIENNE, 2 BIS

1856

TYPOGRAPHIE DE H. FIRMIN DIDOT. — MESNIL (EURE)

L'INDUSTRIE

EN EUROPE

PAR

LOUIS REYBAUD

PARIS,

MICHEL LEVY FRERES, LIBRAIRES-EDITEURS,

RUE VIVIENNE, 2 bis.

1856.

L'INDUSTRIE EN EUROPE.

Quand on parle de l'industrie, il y a deux écueils
dont il faut également se défendre, la flatterie et le
dédain. Les uns la placent trop haut, les autres trop
bas; ceux-ci lui font dans nos sociétés une place
trop grande, ceux-là trop petite. La vérité et la
justice sont entre ces deux exagérations. L'industrie
a vu de nos jours son domaine s'agrandir; mais cet
agrandissement n'a ni les proportions ni surtout
les conséquences qu'en général on lui attribue.
C'était d'ailleurs un fait inévitable. Autrefois il n'y
avait d'aisance, dans la sérieuse acception du mot,
que pour le petit nombre. Certaines classes en jouissaient par privilége, les autres n'y aspiraient pas;
c'était un domaine fermé. L'industrie demeurait
en harmonie avec ce régime; elle avait dans le

travail à la main un instrument suffisant pour dé-
frayer les fantaisies des uns et les besoins les plus
urgents des autres. Dieu merci, nous n'en sommes
plus là; ce contraste a cessé, du moins en ce qu'il
avait de choquant. Non pas que l'inégalité ait disparu, elle est grande encore; mais il n'en est pas
moins vrai que le sentiment et le désir de l'aisance
se sont répandus et tendent à se répandre. La bour-
geoisie, dont les cadres se sont élargis, le peuple,
qui s'y confond par tant de points, ont amené sur
le marché une foule de clients nouveaux dont les
besoins s'accroissent à mesure qu'ils sont satisfaits
et comportent un luxe relatif. De là pour l'industrie
l'obligation d'élever ses moyens de production au
niveau de ces demandes multipliées. Pour cette
tâche, le travail à la main n'eût pas suffi; des procédés plus économiques et plus ingénieux devenaient nécessaires. Rien là qui soit arbitraire ni
inopportun ; c'était dans la force des choses et dans
l'ordre des temps. Le travail automatique, la créa-
tion des grands ateliers, l'asservissement de la
vapeur, l'analyse plus savante des propriétés des
corps et l'appréciation plus exacte de leurs conditions industrielles étaient la conséquence de cette
consommation agrandie qui se manifeste non-seule-

ment sur nos marchés, mais sur tous les points du globe où le génie de l'Europe pénètre et qu'il initie aux bienfaits de notre civilisation.

On se tromperait d'ailleurs si l'on croyait qu'un essor de l'industrie, comme celui auquel nous assistons, est un phénomène susceptible de se prolonger et contenant en germe des empiétements indéfinis. Ainsi que les conquêtes de la pensée, celles du monde matériel ont leurs fluctuations, leurs temps d'arrêt, leurs moments d'éclat et leurs éclipses. Il est dans l'essence de l'activité humaine de changer de voies et de varier son effort; l'histoire en fournit plus d'une preuve. Au seizième siècle il y eut un élan presque aussi prodigieux que le mouvement contemporain, et qui ne survécut guère aux hommes illustres qui y présidèrent. Coup sur coup on découvrit alors la boussole, l'astrolabe, la grande navigation, l'astronomie positive, le Nouveau-Monde, et les noms de Galilée, de Colomb, de Martin Behaim, de Vasco de Gama, d'Albuquerque et de Magellan marquèrent cette époque d'une empreinte qui ne s'est point effacée. Paracelse renouvela la chimie, Vésale l'anatomie; il y eut dans les sciences et dans les arts une sorte d'épanouissement et la révélation de forces ignorées. Ces découvertes ressemblaient beaucoup à celles qui frappent nos regards ; on s'emparait victorieusement du globe ; on rendait la matière tributaire des besoins et des jouissances de l'homme ; on étendait le cercle d'action des races civilisées et leur empire sur le monde sensible. C'était là pour les travaux de la pensée autant d'avant-coureurs ; à leur tour, ces derniers allaient prendre le dessus et dominer pendant le cours des siècles suivants. Ainsi marche l'esprit humain par des élans, tantôt divergents, tantôt parallèles, dans la sphère des idées ou dans celle des faits. Au lieu de se nuire, ces deux poursuites se prêtent un mutuel appui et se complètent en se succédant.

Ces considérations ne sont pas étrangères à un examen de l'exposition de 1855 : dès qu'il s'agit de l'industrie, il convenait d'en rétablir les droits et d'en définir le rôle. On a beaucoup écrit pour et contre les expositions, et la matière n'est pas épuisée. Quoi de plus naturel que d'appeler de temps à autre l'industrie à fournir la mesure de ses forces et d'en rassembler les produits dans une même enceinte de manière à présenter des termes de comparaison ? Seulement, pour que l'institution eût toute son efficacité, deux conditions seraient nécessaires. Il faudrait que ces expositions nationales ou géné-

rales réunissent tous les manufacturiers éminents;
il faudrait en outre qu'elles fussent sincères. Or, c'est
là ce qui n'arrive jamais. D'un côté, beaucoup de fabricants, qui ont une réputation acquise et un travail
assuré, ne se résignent pas à se laisser discuter ni à
courir la chance d'être appréciés au-dessous de leur
valeur. Ils redoutent ou dédaignent une lutte où
l'effervescence des vanités tient une trop grande
place, se défient des lumières et de l'impartialité
des juges du camp, des surprises de l'opinion, des
manœuvres et des brigues inévitables dans de semblables mêlées. D'un autre côté, les exposants n'ap-
portent pas tous, dans la production de leurs titres,
une bonne foi égale. S'il en est qui se présentent avec
les fruits ordinaires de leur industrie, il en est
d'autres, et en grand nombre, qui se prévalent de
travaux d'exception, d'œuvres de laboratoire dont
on ne trouverait pas les équivalents dans leurs
ateliers, quelquefois même d'objets empruntés pour
la circonstance. C'est ainsi que le but le plus essentiel échappe, et qu'au lieu d'être l'expression exacte
des forces relatives de l'industrie une exposition
n'en est bien souvent que la représentation infidèle.

Dans les expositions générales et notamment dans
celle qui vient de finir il s'est produit d'autres in-

convénients et d'autres obstacles à une bonne justice
distributive. Voici lesquels : des expositions offi-
cielles ou collectives y ont été admises à côté des
expositions individuelles. Comme effet et ornement,
rien de mieux, pourvu qu'on eût assigné aux premières un ordre à part et qu'on les eût placées hors
de concours. On les a jugées et récompensées les
unes et les autres au même titre et sur le même pied,
et c'est une faute. Des chambres de commerce, des
administrations publiques, des comités formidables,
comme celui de Manchester, ont été pesés dans la
même balance que des manufacturiers isolés, et
dans cette lutte des unités contre les groupes, l'issue
n'était pas difficile à prévoir : les groupes ont écrasé
les unités et en fait de récompenses du premier
ordre ont obtenu la part du lion. Qui aurait osé la
leur disputer? quel fabricant aurait la prétention
de s'égaler aux grands ateliers que l'État alimente,
aux corps administratifs de la France et des autres
pays? Il n'y avait pas là de combat possible, et partant point de vainqueur à proclamer. Qu'en raison
de ces travaux d'un ordre supérieur on eût créé une
classe à part, une récompense spéciale, on le com-
prendrait; ce qui se comprend et se justifie moins,
c'est qu'on les ait confondus avec ceux des autres

exposants et mesurés sur la même échelle. Entre l'industrie libre et l'industrie officielle il n'y a ni iden-
tité ni rapprochement possibles; les prix, les qualités,
les moyens d'exécution diffèrent : c'est comme deux
mondes opposés. Il eût donc mieux valu ne pas
amalgamer ce que de telles incompatibilités séparent et élaguer cet élément disparate de la liste
des lauréats. A plus forte raison eût-il été de bon
goût de n'y pas comprendre, comme on l'a fait, des
personnes absentes du concours.

On voit quels sont les points faibles des expositions. Les uns sont inhérents à l'institution même,
les autres peuvent être atténués. Et pourtant, malgré ces imperfections inévitables, les expositions
ont désormais une place assignée dans le régime
de l'industrie. Voici un demi-siècle qu'elles se succèdent avec une faveur qui ne s'est pas démentie
et un empressement de plus en plus vif. Depuis cette
modeste exposition de l'an VI, qui ne compte que
110 noms inscrits, jusqu'à celle de 1855, qui en a
réuni près de 21,000, il n'y a pas eu, quelles que
fussent les circonstances politiques ou industrielles,
un seul jour de déclin dans ces solennités du travail. Quelquefois la progression est lente, mais elle
se maintient néanmoins. En 1806, on compte 1,422

exposants, 1,500 en 1819, 1,695 en 1827, 2,447 en
1834, 3,281 en 1839, 3,900 en 1844, 4.500 en 1849.
Puis viennent les deux expositions universelles avec
14,837 exposants pour Londres et 20,709 pour Paris.
Ce sont là des chiffres significatifs, et ce qui ne l'est
pas moins, c'est le goût croissant du public pour
ce genre de spectacle. Il était à craindre qu'après
en avoir joui à titre gratuit dans les expositions précédentes il ne se montrât moins empressé à en jouir
à titre onéreux ; la modicité de la rétribution a écarté
cet obstacle, et la vogue s'est maintenue pour l'exposition de 1855 depuis le jour de l'ouverture jusqu'à la clôture du palais.

Ce succès s'explique ; outre l'attrait qui s'attache
à une collection aussi brillante, il y avait là pour
la foule une occasion de mieux connaître les objets
qui défrayent ses besoins habituels, et pour les
hommes spéciaux un sujet de réflexions et d'études.
Rien de plus profitable à l'avancement de l'industrie. Non-seulement les manufacturiers convient
alors le public à les juger, mais ils se jugent entre
eux et avec une sûreté de coup d'œil que rien n'é-
gale. S'il y a quelque part, dans cet ensemble un
peu confus, une supériorité qui se cache, un procédé nouveau, un produit marqué d'un caractère

particulier, croyez qu'ils seront bientôt signalés par un témoignage irrécusable, l'attention des hommes du métier, quelquefois même leur jalousie. C'est un contrôle mutuel et une mutuelle justice ; c'est en même temps une école où les faibles s'instruisent à l'exemple des forts et dont les uns et les autres cherchent à tirer quelque profit. Les ouvriers, bons arbitres aussi, viennent à leur tour s'y éclairer ; et, s'il y a dans l'exécution manuelle quelques perfectionnements, ils ne sont pas des derniers à les apercevoir et à se les approprier. Ainsi s'élève la portée de ces expositions ; l'objet en évidence n'est rien auprès de cette éducation des producteurs mis en présence les uns des autres et s'éclairant par la vue et le rapprochement de leurs travaux respectifs. Le cérémonial dont elles sont accompagnées, la distribution des récompenses n'en forment que la partie décorative ; ce qu'il en reste de plus fécond, ce sont les germes d'émulation déposés au fond des cœurs, le désir du progrès excité avec énergie et sachant à quoi s'appliquer, le souvenir des bons modèles et la volonté ferme de ne pas leur rester inférieur.

A ce point de vue, les expositions générales sont un instrument bien plus puissant que ne peuvent l'être les expositions limitées à l'enceinte d'un État.

Non-seulement l'étude des faits s'exerce alors de fabricant à fabricant, mais encore de nation à nation ; elle embrasse l'activité industrielle dans sa manifestation la plus complète. C'est ce qui a eu lieu à Londres en 1851, c'est ce qui vient de se passer à Paris. Jamais les forces productives de l'humanité n'avaient été groupées dans un si bel ensemble ni mises en parallèle avec un art si savant. Est-il maintenant nécessaire de comparer les deux expositions ? Chacune a eu son mérite, son caractère et sa physionomie. Londres avait l'avantage de la priorité, nous avions celui de l'expérience acquise. A Londres, c'était la spéculation privée qui seule faisait les frais et courait les chances de l'entreprise ; elle s'en est tirée à son honneur et y a trouvé d'énormes profits. A Paris, on avait imaginé une combinaison mixte, où l'action officielle dominait la spéculation privée, et qui comportait deux intérêts, deux volontés et deux directions. Plus d'un inconvénient est résulté de ce partage d'attributions, et aujourd'hui que ces faits sont du domaine de l'histoire on peut dire que l'expérience n'a pas été heureuse. A Londres, c'est la puissance manufacturière qui l'emportait ; à Paris, c'est la délicatesse et la perfection de la main-d'œuvre. Si le Palais de Cristal était de beaucoup supérieur pour la quantité et l'importance des machines, les grandes industries textiles, les instruments agricoles et les innombrables tributs du mouvement commercial, le palais des Champs-Élysées a offert dans une proportion bien plus forte les produits où la main de l'homme ne peut être suppléée, ceux que le luxe réclame comme étant de son domaine, où le crédit du nom français est établi de temps immémorial, et dans lesquels en aucun temps ni en aucun pays il n'a redouté ni essuyé de rivalité sérieuse. Il va sans dire que dans cette loi générale il y a des empiétements et que sur plusieurs points les limites n'ont point été respectées. La France a fait plus d'une excursion heureuse dans la grande industrie, l'Angleterre n'a pas voulu rester étrangère au domaine du goût ; mais ces exceptions même ne servent qu'à confirmer cette distribution des rôles. Il est aisé de s'en convaincre en jetant un coup d'œil rapide sur les résultats du concours et en indiquant la part qu'y ont prise les diverses industries dans ce qu'elles ont d'essentiel et de fondamental.

I.

Dans cet examen, l'ordre de la production appelle d'abord les industries qui sont l'origine et

la source des autres, c'est-à-dire les matières premières, soit naturelles, soit appropriées par un travail rudimentaire. Les produits du sol, des mines,
des usines métallurgiques sont dans ce cas. Au
sujet des produits du sol, il reste peu de chose à
apprendre aux lecteurs de ce recueil ; un écrivain
très-expert en a parlé avec l'autorité qui s'attache à
son nom et la sûreté de jugement qu'il apporte en
toute chose. Les produits des mines, si on voulait
entrer dans les détails, seraient une étude où les
éléments d'intérêt ne manqueraient pas. On a pu
s'en former une idée par le curieux modèle qu'a
exposé la société d'Anzin, où, à côté de la puissance
des couches, sont représentés les travaux d'extrac-
tion avec des ouvriers et des chariots en miniature,
des galeries souterraines, des treuils mécaniques
et des *bennes* qui élèvent la houille jusqu'à l'ori-
fice des puits. Il est peu de visiteurs qui ne se soient
arrêtés devant ce tableau qui résume la vie et l'industrie de tant d'ouvriers utiles et courageux. Que
de fatigues et de périls ! C'est pourtant là qu'ils
passent leurs journées soutenant de leur mieux le
terrain sur lequel ils opèrent, afin de se préserver de
ses éboulements, à demi couchés dans ces antres
qu'ils creusent et où une étincelle peut amener une

explosion, parfois surpris par des inondations ou par des gaz délétères, isolés presque toujours et n'ayant pour se distraire ni la compagnie des leurs ni même la vue du soleil. Dure condition, et avec quelle patience exemplaire ils s'y résignent! A l'honneur des entrepreneurs, il faut dire qu'ils n'ont rien épargné pour leur rendre le travail plus facile et conjurer les dangers dont ils sont menacés. Plusieurs appareils exposés témoignent de cette préoccupation. Ainsi, dans la descente et l'ascension des bennes qui servent à la fois à la houille et aux mineurs, la rupture des câbles amenait souvent des accidents; les mines de Decize ont imaginé un système qui les rend impossible. De son côté, M. Varocqué de Mariemont a su établir entre les bennes qui descendent et celles qui remontent des communications ingénieuses qui permettent de passer d'un train à l'autre sans aucune espèce d'inconvénient. L'aérage et l'éclairage des mines n'ont pas été négligés; la lampe de Davy et les machines soufflantes ont reçu des perfectionnements nombreux. Rien n'honore plus l'art et la science que ce souci de la vie et du sort des hommes. Le même esprit d'invention se retrouve pour le lavage de la houille, qui jusqu'ici avait lieu à la main et à

l'aide de procédés imparfaits. C'est à M. Bérard
que l'on doit le premier appareil mécanique employé à cet usage : sa découverte avait frappé le
jury de Londres, et la grande médaille lui avait été
décernée; moins heureux cette fois, il n'est qu'en
seconde ligne dans l'ordre des récompenses, et c'est
à regretter. Son ingénieux et vaste appareil méri-
tait le premier rang; il sépare avec une précision
et une rapidité merveilleuses la houille des corps
étrangers qu'elle renferme, les schistes, les sulfures
de fer, sans employer pour cela d'autre élément que
les différences de pesanteur spécifique qui existent
entre la substance pure et les substances qui y sont
mélangées. Par une simple agitation et à l'aide d'une
balance hydrostatique, les schistes et les sulfures so
déversent dans le wagon de décharge, tandis que
le charbon lavé et réduit se rend de lui-même dans
le wagon destiné à le recevoir. On amène ainsi à
l'état d'épuration jusqu'à 200,000 kilogrammes de
houille par journée, et avec une dépense qui n'excède pas celle d'un chargement à la pelle.

En métallurgie, les inventions sont nombreuses
et les perfectionnements encore plus; mais là surtout l'industrie anglaise n'a pas donné la mesure
de sa force et a témoigné un certain éloignement.

A peine citerait-on quelques établissements qui aient consenti à se mettre en ligne, et en limitant l'épreuve à des travaux d'exception. Cette réserve est fâcheuse, et on ne sait à quoi l'imputer. Que nos fabricants de fer ne soient pas allés à Londres, cela se conçoit : ils n'avaient qu'une médiocre figure à y faire ; mais les fabricants anglais ne pouvaient avoir les mêmes motifs de redouter un rapprochement ; ce n'est pas la conscience de leur supériorité qui leur manque. Est-ce fierté ? est-ce dédain ? est-ce un système de ménagements ? sont-ce des représailles ? A quelque cause qu'il faille attribuer cette abstention, elle nous a enlevé, pour la métallurgie, de précieux éléments de comparaison. Il eût été utile, si ce n'est pour des manufacturiers qui s'abritent dans leurs priviléges comme dans un fort, du moins pour la masse des consommateurs qui en supporte les charges, de savoir jusqu'où s'élève la rançon que nous payons aux producteurs du fer et dans quelle proportion elle pourrait être diminuée sans préjudice exorbitant. Les hommes du métier savent bien ce qui en est, ils n'ignorent pas ce que vaut le fer en France et ce qu'il vaut chez nos voisins ; mais c'était là un spectacle et une leçon qu'il fallait donner au pays tout entier, à cette affluence de curieux qui demandent à toucher les choses du doigt pour y croire. Avec quelques modèles choisis et la mention de prix à côté des modèles, les fabricants anglais auraient fait parmi nous une petite révolution. On aurait vu alors quel écart existe entre la matière de l'une et de l'autre origine pour les fers en barres, pour les cornières, pour les tôles, pour les fontes, pour tout ce qui tient à la préparation du métal. Réduite à quelques fabricants isolés, l'exposition anglaise devait se perdre et se confondre avec la nôtre : elle n'offrait plus dès lors ni l'intérêt ni l'appui que l'on aurait pu y trouver. Cependant, quelque incomplète qu'en ait été la représentation, la métallurgie a fixé l'attention par quelques détails.

Avant ces derniers temps, le martelage du fer s'opérait à l'aide de martinets de forge dont on avait successivement élevé la puissance. Suffisants pour des pièces d'un volume déterminé, ces martinets ne l'étaient plus dès le moment que ce volume atteignait des proportions presque sans limites. C'est ce qui avait lieu notamment dans les arbres de couche destinés à l'hélice des vaisseaux à vapeur et pour le revêtement des batteries flottantes. On a pu se faire une idée des dimensions de ces pièces de métal dans

l'exposition de MM. Jackson frères, Petin et Gaudet -
de Saint-Étienne, où figuraient l'arbre de couche
de *l'Eylau*, vaisseau de ligne en construction, arbre
à six coudes, du poids de 23,000 kilog., et une armure de batterie flottante de 11 centimètres d'épais-
seur. Évidemment pour de tels travaux la puissance ordinaire n'eût pas suffi, et les martinets ne
seraient arrivés qu'à des résultats lents et imparfaits.
L'invention du marteau-pilon a répondu à ce besoin; il est désormais l'âme de nos ateliers et y
laissera une date. Rien n'égale l'énergie de cet en-
gin, si ce n'est la docilité avec laquelle il la mesure
aux services qu'on lui demande. C'est un énorme
marteau que la force de la vapeur, servie par le
mécanisme le plus simple, élève à une hauteur
réglée, et qui retombe ensuite de tout son poids,
soit dans le vide, soit dans une atmosphère combinée. On peut frapper ainsi, à l'aide du même instrument, ou un bloc énorme ou une médaille. On
conçoit de quelle utilité il a dû être pour la construction de ces machines de guerre qui menacent
d'une révolution prochaine l'art de l'attaque et de
la défense des côtes. Personne aujourd'hui, après
l'essai décisif de Kinburn, n'ignore ce que c'est
qu'une batterie flottante : une tortue armée d'une

carapace en fer et portant la foudre. Invulnérable ou à peu près, et d'un faible tirant d'eau, la batterie flottante peut s'embosser sous un fort ennemi et le détruire sans essuyer autre chose que des dommages insignifiants. Devant son armure le boulet creux éclate sans effet; et, pour entamer le fer d'une manière sensible, il ne faut pas moins de quinze boulets pleins frappant sur le même mètre de revêtement. Telle est la découverte ; et, sans le marteau-pilon, il est à croire qu'elle n'aurait pas abouti d'une manière aussi complète ni aussi prompte. C'est donc justice que de s'incliner devant cet énergique instrument, aussi utile dans la paix que dans les combats, pour lequel personne n'a pris de brevet et qui est à la fois l'œuvre et la propriété de tout le monde.

Les esprits en quête de perfectionnements ont été conduits par ces expériences à rechercher si c'était là leur dernier mot, ou s'il n'y aurait pas quelque chose de plus à en attendre. L'emploi du fer dans ces proportions inusitées n'est pas sans inconvénient pour les constructions navales. Les plaques de métal, scellées par des boulons au doublage en bois, exercent sur lui une pression constante, même dans l'état d'immobilité, et ne fût-ce qu'en raison de la différence des pesanteurs ; cette pression s'accroît dans les fatigues de la mer et sous la violence des vagues. De là un travail de destruction qui a lieu pour tout le matériel naval, mais qui ici doit acquérir une énergie plus grande. Puis, quelque forme que l'on donne à ces bâtiments pour les amener à plonger dans l'eau le moins possible et leur rendre l'accès des côtes plus facile et moins dangereux, il est évident que le poids du fer est un obstacle à ce que l'objet qu'on se propose soit pleinement atteint : ce métal, si efficace pour la défense, devient une gêne pour la liberté des mouvements. Le problème serait donc de trouver une armure aussi résistante, mais plus légère, qui aurait tous les mérites du fer et n'en aurait pas les inconvénients. Or cette armure existe, on l'a sous la main ; il s'agit simplement de remplacer le fer par l'acier forgé. La même substitution pourrait avoir lieu et avec le même avantage pour les cuirasses qui chargent le cavalier sans le préserver, et sont plutôt une parure qu'une défense. Dans ces divers emplois, l'acier forgé est incomparablement supérieur au fer ; des expériences multipliées l'attestent. Il y avait à l'exposition des cuirasses qui ont reçu trois et quatre balles dans le même pouce carré sans avoir été traversees. La supériorité du service est donc manifeste ; et elle ne le serait pas moins pour les armures des batteries flottantes, qui, avec l'acier forgé, offriraient sous un moindre poids une force de résistance supérieure ou égale. Reste la question de dépense ; et, quand il s'agit de la vie et de la sûreté des hommes, c'est à peine si on ose la poser. D'ailleurs la dépense en toute chose n'est qu'un terme relatif et qui ne peut être séparé de la durée de l'objet ni des services qu'il rend. Il y a des dépenses qui sous une prodigalité apparente cachent une économie réelle ; c'est un rapport à établir, un calcul à faire ; on ne sait jamais ce que coûtent des instruments qu'on croirait volontiers peu coûteux. Il semble d'ailleurs que cette opinion fait du chemin et acquiert chaque jour un crédit plus grand : en matière d'arts et d'industrie, partout où il y a convenance à le faire, et le cas est fréquent, on s'accorde à préférer la matière supérieure à la matière inférieure, et dans cette direction la première idée qui se présente est la substitution de l'acier au fer forgé.

C'est à ce titre également que les aciers de la province rhénane, sortis des ateliers de M. Krupp, l'un des grands lauréats du concours, ont excité la surprise des hommes du métier et aussi des curieux. Qui ne se souvient de cette vaste table couverte de tronçons coupés dans tous les sens, tantôt dans la largeur, tantôt dans la longueur de la pièce, ici en droit fil, là en biais, avec des cassures capricieuses et multipliées à dessein? Qui n'a admiré ce grain uni et serré, d'une pureté et d'une égalité parfaites, sans défaut, sans tare, sans corps étranger, sans une ombre de mélange? Qui n'a remarqué et touché ce long copeau d'acier détaché par la tarière et adhérent encore au bloc d'où il est sorti? Voilà à quel degré de perfection M. Krupp a pu amener l'acier fondu. Impossible de voir une matière à la fois plus pure, plus ductile, plus exempte d'alliage : le marteau même n'eût pas mieux fait. On s'est demandé alors comment un pareil produit avait pu être fabriqué, et s'il n'y avait pas là-dessous une de ces illusions, une de ces ruses de laboratoire qui sont si communes dans les concours publics; on s'est pris à douter que de pareils tours de force pussent entrer dans le domaine de la fabrication, et par voie d'hypothèse on a été conduit à présumer que c'était l'œuvre de plusieurs refontes successives, trop coûteuses pour jamais devenir d'un usage général. Ces objections, ces suppositions semblent purement gratuites. M. Krupp n'est ni nouveau ni inconnu dans l'industrie; il a une usine importante où depuis longtemps il livre au commerce des aciers à peu près égaux à ceux qui figuraient dans son exposition, et quand même ces derniers seraient le fruit d'un traitement exceptionnel, ils tendraient encore à prouver à quel point de supériorité on peut amener le métal à l'aide de la seule fonte. De pareilles conquêtes ne se font pas inutilement, même une fois, même à grands frais; elles se complètent toujours, et ce qui n'avait d'abord qu'un caractère expérimental prend à la longue un caractère industriel.

Nulle part les lois et les principes ne sont plus nécessaires que dans l'industrie, et non-seulement ceux que la science découvre, mais ceux encore qui se révèlent dans l'application. Il est, par exemple, un fait chaque jour plus évident et que toutes les expériences confirment, c'est l'avantage qui existe à substituer, en mécanique et en chimie, le mouvement de rotation au mouvement alternatif. Je m'explique. Le métier à bras, tel que nous le voyons agir sous l'impulsion de l'ouvrier, et même la plupart des métiers à moteurs économiques se basaient naguère sur l'oscillation, sur le va-et-vient, pour employer une expression vulgaire; même pour l'obser-

vateur le plus irréfléchi, c'était là une déperdition
de temps et de forces. De ces deux mouvements,
aller et retour, il n'y en avait qu'un de profitable ;
l'autre n'était qu'un intermède, une trêve dans le
travail accompli, ou, si l'on veut, un élan avant de
fournir une course nouvelle. On eût dit que la machine inanimée avait besoin de reprendre haleine
après chacune de ses évolutions. Or, ce n'était là
qu'une méthode rudimentaire, et l'expérience l'a
bien prouvé. Toutes les fois que le hasard, l'occasion, la nécessité ont amené une industrie à renoncer au mouvement alternatif pour recourir au
mouvement circulaire, les bénéfices de ce dernier
moyen ont été si patents, si avérés que d'essai en
essai on l'a étendu à toutes les machines qui sont
susceptibles d'en recevoir l'application ; peu à peu,
de proche en proche, ce qui n'était qu'un pressentiment est devenu un fait général. De là les cylindres qui servent à l'impression des indiennes ou au
cardage de la laine et du coton, les tambours, les
tours, les bobines, la scie circulaire et tous les appareils qui président à un travail sans discontinuité.
Même en chimie, le principe a trouvé à s'appliquer
utilement. C'est à l'aide du mouvement circulaire
que s'accomplissent aujourd'hui les opérations du

raffinage et de la cristallisation des sucres. Partout où l'épreuve a été faite les résultats ont montré la même conformité. On pourrait donc affirmer dès aujourd'hui qu'en mécanique c'est là une loi constante et qui souffrira peu d'exceptions. Que de lois d'ailleurs, tout aussi fécondes, attendent qu'on les tire de leur sommeil! Combien nous sommes en retard, même là où nous nous croyons le plus habiles! La force de la vapeur, par exemple, telle qu'elle s'exerce dans les meilleurs appareils, est-il raisonnable de penser qu'elle se dissipera toujours comme elle le fait? Trois quarts d'effet perdu, un quart d'effet utile, est-ce donc le dernier mot du génie humain?

Nous voici arrivés aux grandes machines, aux machines à eau et à feu : l'exposition en offrait plusieurs qui sont dignes de mention. Pas un fabricant anglais ne figure sur la liste des médailles d'honneur, c'est dire qu'ils se sont tenus à l'écart; le débat est resté entre la France, l'Allemagne et la Belgique. Sur les moteurs à eau, il y a peu de remarques à faire. M. Fourneyron, qui a donné son nom à la turbine et veille sur elle avec un soin paternel, n'a pas voulu rester en arrière de perfectionnements, et a produit un nouveau modèle qui n'est que la repro-

duction améliorée de ceux qui lui ont valu une réputation bien établie et bien méritée. D'autres fabricants ont exposé des turbines qui ne diffèrent que
par un petit nombre de détails. Ainsi M. Flageollet
de Vagney a une roue en dessous, sans tête d'eau et
à suspension, qui peut dépenser des volumes d'eau
variables, et qui, émergée ou immergée, n'éprouve
pas de pertes sensibles dans le rendement. MM. Fontaine, Braud et Froment ont un vannage à papillons,
garni d'une bande annulaire en gutta-percha qui
s'enroule sur deux cônes en fonte, dont les axes sont
dirigés dans le même plan. MM. Tenbrinck et Dych-
koff ont une turbine dont chaque directrice est
garnie d'une vanne horizontale que l'on peut ouvrir
et fermer à volonté. MM. Roy et Laurent ont une
turbine à bâche fermée où le vannage s'effectue à
l'aide de clapets. Toutes ces turbines reçoivent l'eau
de haut en bas; d'autres, comme celles de MM. Cousin frères et Canson d'Annonay, sont destinées à la
recevoir dans un sens horizontal. MM. Cousin frères
ont fait des emprunts heureux à tous les systèmes,
et M. Canson s'est surtout proposé d'arriver à une
moindre dépense dans l'appareil en en simplifiant
les combinaisons. Quant à l'industrie étrangère,
elle n'avait qu'un représentant dans la turbine ;

c'est l'administration impériale des forges et usines
de Jenbuch, dans le Tyrol. L'appareil qu'elle a exposé est formé d'aubes courbes maintenues entre
deux anneaux horizontaux. L'eau arrive à la roue
par la tangente au moyen d'un canal rectangulaire,
garni, près de la turbine, d'une vanne verticale.
C'est un système peu connu en France, mais très-
répandu en Autriche et aux États-Unis; on le doit
au général Poncelet.

Les machines à vapeur sont un des titres les plus
récents de l'industrie; et il était naturel de lui demander, dans une occasion aussi solennelle, où
elle en est pour ces merveilleux et formidables engins. Ce n'est point là en effet un de ces problèmes
au sujet desquels l'opinion publique peut rester
indifférente. Que l'homme oisif, que la femme du
monde s'inquiètent peu de savoir comment se tissent
la toile qui les couvre, la soie qui les pare, cela se
conçoit; c'est du soin superflu, et, pourvu qu'avec
de l'argent ils aient de l'une et de l'autre, ils en
sauront toujours assez. Mais ces terribles machines à
vapeur, bon gré, mal gré, il faut compter avec elles.
Quand on les oublie, un bruit sinistre rappelle ino-
pinément leur puissance : il s'agit de victimes écra-
sées ou brûlées à petit feu, de membres brisés, de

crânes ouverts. Qui ne tressaillerait? qui ne se tien-
drait sur ses gardes? qui n'éprouverait un respect
mêlé de terreur, surtout quand la veille on a couru
la même chance ou qu'il faudra s'y exposer le lendemain? Aussi peut-on, en toute confiance, parler
de la machine à vapeur. Fût-on technique, em-
ployât-on les termes du métier, on serait encore assuré d'avoir un auditoire. Une bielle, un frein, un
essieu, une chaudière, voilà des mots qui par eux-
mêmes sont bien peu engageants et n'alimentent
guère l'intérêt ; mais, quand on se prend à réfléchir
que la vie dépend d'un frein qui se brise, d'un essieu qui se fourvoie ; d'une chaudière qui éclate, à
l'instant ces mots prennent une autre valeur que
celle du vocabulaire et éveillent dans l'esprit une
foule d'idées et d'impressions, comme pourrait le
faire le plus sombre et le plus funèbre roman. ·

Faut-il attendre de l'exposition quelque préser-
vatif contre ces catastrophes? En est-il parmi ces
locomotives, si bien peintes, si coquettes, si lui-
santes de tout point, qui aient pour objet de témoigner quelque souci de la vie humaine ? Ou bien sont-
ce toujours ces mêmes implacables machines qui,
hier encore, broyaient vingt malheureux conduc-
teurs de bestiaux? Y a-t-il là quelque manufacturier

qui ait cédé à une bonne inspiration, et au risque de se tromper, de jeter un peu d'or dans une aventure ait essayé de construire un appareil moins brutal, moins aveugle, plus docile à la main de son guide et qui, au milieu de la civilisation la plus raffinée, ne reproduise pas la barbarie sous une autre forme? S'il y en avait un, comme on l'applaudirait! comme on l'encouragerait dans ses hardiesses et comme on excuserait ses erreurs! Hélas! non, il n'y en a point; les constructeurs ont des modèles, et ils s'y tiennent : à peine s'en écartent-ils en quelques détails et tout juste assez pour se disputer l'un à l'autre la grande médaille d'honneur, par exemple le diamètre d'une roue, un tender supprimé, un dôme de plus ou de moins. Leur audace ne va pas au delà; elle n'exige ni effort d'esprit ni dépense de caisse. Leurs locomotives restent les dignes sœurs de celles qui ont l'empire de la circulation et s'y signalent de loin en loin par des exécutions sommaires. Les mouvements sont précis, les pièces bien ajustées, les cuivres polis, les vitesses satisfaisantes; que demander de plus?

Trois exposants de locomotives ont obtenu la médaille de premier ordre : M. Borsig, M. Engerth et M. Cail. — M. Cail n'a pas de nouveau modèle; il s'est contenté d'exposer des machines régulièrement construites et d'une exécution satisfaisante. Il n'y a à insister que sur les locomotives de M. Borsig et de M. Engerth. Celle de M. Borsig réunit également les conditions que l'on doit attendre d'un bon atelier ; la forgerie est traitée avec soin, et la délicatesse des organes plaît à l'œil ; peut-être pourrait-on y exiger plus de force et une meilleure entente dans l'emploi de la matière ; les pièces coudées n'ont point paru aux hommes du métier présenter de bonnes conditions de résistance ; quelques organes sont faibles et peu en rapport avec les services qu'ils doivent rendre ; il y a défaut d'harmonie et de proportions. Un autre détail a prêté à la critique ; c'est le dôme de prise de vapeur qui couvre la chaudière. M. Borsig doit savoir que c'est là un accessoire depuis long-temps abandonné. On y attachait de l'importance dans l'enfance de la construction ; aujourd'hui, et après bien des essais, on n'y saurait voir qu'une superfétation et un embarras. M. Engerth s'est proposé un autre but : le caractère distinctif de son invention est de reporter sur les roues du tender une partie du poids de la machine, afin d'obtenir une plus grande adhérence sans fatiguer la voie par une surcharge sur le même point. Deux machines con-

çues d'après ce système ont été exécutées sur les
plans de l'ingénieur autrichien, l'une en France,
au Creuzot, l'autre en Belgique, dans les ateliers de
Seraing; elles figuraient toutes deux à l'exposition.
Cette combinaison répondait à un besoin, et les circonstances expliquent qu'elle nous soit venue d'Autriche. Entre Vienne et Trieste s'étend un chemin de
fer qui gravit les Alpes noriques par une rampe à
forte inclinaison; pour la franchir, les locomotives
ordinaires n'eussent pas suffi; il fallait à la fois diminuer le poids de l'appareil, augmenter les sur-
faces de chauffe et par suite la puissance de la vapeur. C'est à ces trois conditions que M. Engerth s'est
proposé de satisfaire en incorporant pour ainsi dire
le tender avec la machine. Cette disposition permettait de répartir le poids du système sur six paires
de roues, ce qui fait que la charge de chaque essieu
n'est pas plus élevée que dans les machines ordinaires.

Ici pourtant une difficulté se présentait : la longueur des deux pièces réunies, machine et tender,
atteignait de telles proportions que la manœuvre
de la locomotive eût présenté de grandes difficultés
et certainement des dangers dans les courbes à petit
rayon, très-fréquentes sur ces lignes de montagnes.

Pour obvier à cet inconvénient, M. Engerth a imaginé une disposition ingénieuse qui permet et réa-
lise l'articulation vers le milieu de la longueur, et
enlève à l'ensemble du système les inconvénients
de la rigidité. Cependant, pour qu'il fût entièrement
efficace, il fallait autre chose encore; il fallait pouvoir relier les roues du tender aux roues couplées
de la machine, à celles qui donnent le mouvement.
Dans la machine exécutée au Creuzot, cette condition n'est pas remplie, et la combinaison manque
ainsi d'unité. La machine construite dans les ateliers de Seraing est plus complète sous ce rapport,
et une solution y est fournie. Trois roues d'engre-
nage, en acier fondu, y transmettent le mouvement
au premier essieu du tender. Des personnes versées
dans l'industrie conservent pourtant quelques doutes
sur la valeur de ce moyen, et craignent qu'à l'usage
plus d'un mécompte ne s'ensuive. A la vitesse ordinaire des trains de marchandises, auxquels les
deux machines sont destinées, ces roues dentées seront animées d'une vitesse rotative de 400 tours
par minute environ; or, pour peu qu'on ait l'expérience de la mécanique, non pas telle qu'on l'en-
seigne dans les livres, mais telle qu'on l'observe sur
le terrain, il est évident que ces engrenages ne ré-

sisteront pas longtemps, et donneront lieu à des
embarras sans nombre. On assure même que les
premières épreuves n'ont pas répondu aux espé-
rances de l'inventeur et n'ont donné ni la vitesse
ni la puissance qu'on était en droit d'en attendre.
Il y a là sans doute le germe d'une idée, et d'une
idée probablement féconde, l'identification du tender à la machine; mais cette idée a besoin d'être
mûrie et perfectionnée. Peut-être est-ce à la France
qu'est réservé cet honneur. Entre le Creuzot et
M. Engerth existent désormais des relations suivies,
et l'ingénieur autrichien y aura pour auxiliaires naturels les habiles ingénieurs de cet établissement.

A côté de ces machines primées dans le concours,
les autres s'effacent nécessairement; plusieurs néanmoins méritent d'être citées. Telle est celle que M. Polonceau a construite pour la compagnie d'Orléans,
et où les tiroirs verticaux et placés en dehors des
roues marchent par une distribution extérieure,
combinaison heureuse et qui rend l'entretien facile
et peu dispendieux. M. André Kœchlin a exposé
aussi une machine mixte bien établie, d'un bon
mouvement, avec des pièces dégagées et des formes
convenables, légère dans son apparence et dans
ses allures, propre à gravir de fortes rampes, à

entraîner des trains très-chargés. L'un des modèles
de M. Gouin est moins heureux : le tender est à
l'arrière, et cette disposition diminue le poids mort
au profit de la puissance et de l'adhérence de l'appareil ; mais cet avantage est anéanti par des inconvénients plus graves, tels que la surcharge des
roues et la nécessité d'arrêts plus fréquents. L'autre
modèle, celui de MM. Blavier et Larpent, présente,
comme particularité, la séparation de la chaudière
en deux parties ; l'une, placée au-dessus des essieux
des roues motrices, est l'appareil générateur de la
vapeur ; l'autre est un réservoir de vapeur que deux
tubes mettent en communication constante avec
l'autre partie de la chaudière. Ce qu'on s'est proposé dans cette combinaison, c'est de concilier une
grande vitesse avec une grande stabilité et une
adhérence suffisante pour remorquer, aux vitesses
ordinaires, les trains les plus lourds sur des profils
accidentés. On assure qu'on pourra obtenir ainsi
et avec une sécurité suffisante des vitesses de 80 et
de 100 kilomètres à l'heure ; c'est ce qu'on verra
aux épreuves, qui jusqu'ici n'ont été que superficielles. La machine de M. Kessler a cela de distinctif qu'elle appartient au système Crampton, ainsi
qu'on le désigne du nom de son auteur. On sait que

ce système repose sur une combinaison bien simple, l'augmentation de la vitesse par l'accroissement du diamètre des roues. Évidemment la stabilité de la machine en eût été diminuée si M. Crampton n'eût imaginé de placer les roues à l'arrière de la chaudière, et même avec cette modification il n'est pas prouvé que le centre de gravité n'en soit pas un peu affecté. L'œuvre de M. Kessler n'ajoute rien à ce que l'on a vu d'analogue, et n'est guère qu'une bonne copie d'un modèle connu. Voici enfin M. Stephenson, le vétéran de la vapeur et qui en résume les traditions : personne n'est resté plus conforme à lui-même et n'a gardé avec plus de soin un héritage de famille. C'est toujours la locomotive paternelle, telle qu'on la voit sur nos plus anciens chemins de fer, avec les roues motrices au milieu, les cylindres et le mouvement à l'intérieur. Quelques perfectionnements de détail se font remarquer ; mais c'est déjà un titre suffisant pour une locomotive que de porter le grand nom de Stephenson. Il en est de même de celle de M. Fairbairn. Sa plus sûre recommandation est dans sa signature.

En somme, l'exposition des machines appliquées à la locomotion n'a pas tenu toutes ses promesses, et de la part d'une industrie aussi importante on pouvait espérer des efforts plus sérieux. Non-seulement il n'y a lieu de signaler aucune découverte capitale, rien de ce qui laisse une trace durable dans l'histoire de la science et de l'art, mais le champ plus modeste des améliorations n'a pas même été agrandi d'une manière sensible. Point de témoignage qu'un public alarmé puisse regarder comme allant à son adresse, ni frein plus puissant ni action plus énergique donnée au renversement de la vapeur, pas même un modèle de l'ingénieux appareil de M. Bonnelli, qui établit des signaux d'appel d'une locomotive à l'autre. Il y a eu sur toutes ces mesures de sauvegarde un oubli universel et une sorte de prétérition. Probablement c'est là ce qui préoccupait le moins les constructeurs de machines et les ingénieurs sous la main desquels ils se trouvent. Il y a lieu d'espérer que cette incurie cessera : on voit à quelles catastrophes elle aboutit. Que l'on cherche, dans l'intérêt des entreprises, à accroître la force utile et à diminuer la force perdue; qu'on multiplie les combinaisons pour ménager le combustible et tirer de la vapeur un parti plus grand; qu'il y ait des luttes d'école pour décider quelle sera la place des cylindres, soit en dedans, soit en dehors du châssis, et ce qu'il faut préférer des machines lourdes ou des machines légères ; qu'on pèse les avantages de l'emploi de l'acier forgé substitué au fer, au moins pour les pièces les plus importantes ; qu'on ait l'esprit ouvert et la main prompte pour tout ce qui peut ajouter aux bénéfices de l'exploitation, élever les dividendes et donner aux actions une bonne allure sur le marché des fonds publics, rien de mieux : il n'est interdit à personne, encore moins aux administrateurs des compagnies responsables vis-à-vis de leurs commettants, de songer à la fortune d'une entreprise ; mais à côté de ce devoir et de ce soin il en est d'autres plus sacrés. Les compagnies ne sont pas seulement un instrument de spéculation ; elles ont un rôle plus digne, et n'en déclinent pas les honneurs : elles ont charge d'âmes. Que cette pensée soit et reste dominante, et si quelques sacrifices de temps et d'argent y sont attachés, que les compagnies sachent les faire à propos, en excès même, afin que le public ne puisse jamais douter sans injustice de leur bonne volonté et de leur désintéressement.

La locomotive n'est qu'une des formes de la machine à feu ; il y en a deux autres, la locomobile et la machine fixe. A propos des instruments agricoles, il a été parlé, dans la *Revue*, des locomobiles et des services qu'elles rendent ; ma tâche en sera abrégée. C'est une industrie toute récente et qui s'annonce bien ; on y sent la vigueur et la séve qui accompagnent les débuts. La locomobile est une petite machine à feu destinée à être transportée sur les lieux où elle doit fonctionner, c'est-à-dire d'un champ et d'un village à l'autre, comme un serviteur qui vient accomplir sa tâche et se retire après avoir reçu son salaire. Elle peut être indistinctement employée, suivant la manière dont on l'accouple, au battage du grain, à la moisson, aux coupes du foin, à l'exploitation des bois, à l'épuisement des eaux et à l'irrigation ; le travail rural est son objet et son domaine. On a pu voir, dans le concours de Trappes, le rôle important qu'ont joué les locomobiles. L'initiative est venue d'Amérique et d'Angleterre, et il semble que nous ayons regagné le temps perdu ; l'exposition comptait plusieurs machines françaises, notamment celles de MM. Calla et Flaud, qui peuvent sans désavantage soutenir la comparaison avec les bons modèles de l'étranger. Le problème consiste en ceci : fournir la plus grande force sous le moindre volume possible. C'est à ces deux termes que nos constructeurs se sont attachés. En Angleterre, le poids des appareils est encore

de 375 à 500 kilogrammes par force de cheval;
M. Calla est parvenu à réduire de beaucoup cette
proportion, et il établit des locomobiles d'une force
effective de 22 chevaux et d'un poids de 5,700 kilogrammes; M. Flaud est descendu plus bas encore.
La dépense du combustible a été également amoin-
drie; M. Calla ne consomme que deux kilogrammes
et demi de charbon par cheval et par heure, tandis
que, dans leurs meilleurs instruments, les Anglais
en consomment trois. C'est là pour les moteurs à
feu un empire nouveau et qui ne sera pas le moins
fécond : après avoir affranchi les ouvriers des villes
des labeurs les plus ingrats, ils se portent au secours des ouvriers de la campagne, toujours les
derniers auxquels on songe et qui passeraient en
première ligne si les services réglaient les rangs.

La série des machines fixes est très-étendue, et
occupait à l'exposition une place digne de son importance. Ce qui y frappe surtout, c'est l'application presque générale du principe énoncé plus haut,
la substitution du mouvement de rotation au mouvement de va-et-vient. C'est vraiment une révolution et des plus caractéristiques. Partout les machines oscillantes et les machines verticales à balancier sont en retraite; les machines horizontales

les ont remplacées. On a pu comparer, on a pu voir
quels étaient les inconvénients des unes, les avantages des autres. Les machines oscillantes ne fournissaient qu'un travail irrégulier, compromis par
des fuites de vapeur, des réparations fréquentes, des
lésions continues dans les organes de la distribution ; les machines horizontales ont amené un travail plus suivi, plus sûr, moins dispendieux. La
cause paraît donc gagnée, et les constructeurs
portent désormais leurs préférences et leurs efforts
de ce côté. Au nombre des plus habiles il faut citer
M. Farcot, qui a su tirer parti de la condensation
et de la détente, et diminuer la dépense du combustible. Son exposition ne se composait que d'un
seul modèle, une machine de la force de 50 chevaux, mais d'un travail si heureux et si bien entendu qu'il a valu à l'auteur une récompense de
premier ordre. La maison Cail n'est pas demeurée
en arrière ; elle avait deux machines fixes de fabrication courante, exécutées avec le soin qu'on trouve
dans ses ateliers. Dans les prix réduits, on remarquait une petite machine fixe construite à Chris-
tiania et qui ne coûte que 1,375 francs, et pour la
puissance de l'effet une machine de MM. Barrett,
mettant en jeu une pompe gigantesque. A côté du

succès des machines horizontales, il y en a un autre qu'il importe de constater, celui des machines à grande vitesse. M. Flaud est entré avec le plus de résolution dans cette voie du mouvement accéléré. Sans doute la grande vitesse a des inconvénients, par exemple l'usure plus rapide des organes et une plus grande consommation de combustible; mais des avantages au moins équivalents y sont attachés, comme la simplification, l'économie des frais de construction et d'installation. M. Flaud est allé aussi loin que possible en ce genre; il fait les machines les plus simples du monde, les réduit au volume le plus restreint et descend presque à l'unité pour le degré de puissance. Il peut fabriquer ainsi des appareils de 2 chevaux de force ne coûtant que 1,500 francs, y compris la chaudière, et faciles à installer dans le plus petit atelier. Ces chiffres parlent d'eux-mêmes, et à l'exposition on a pu voir un *petit cheval* de force réunissant, dans une longueur de 70 centimètres et une largeur de 20 centimètres, le cylindre à vapeur et le corps de pompe, le tout ne pesant que 70 kilogrammes. Près de ces pygmées de la vapeur, il n'était pas sans intérêt de retrouver des appareils destinés à la grande navigation, et surtout l'arbre de couche de *l'Eylau*. D'autres machines, destinées aux bateaux du Danube, de la Loire et de l'Èbre, complétaient ce contraste. Là encore il y a tendance visible à augmenter la puissance, et déjà les bateaux du Rhône, qui employaient soixante et douze heures à la remonte du fleuve, n'en mettent plus aujourd'hui que trente-huit.

Faut-il, à côté de l'industrie régulière, citer maintenant les hommes qui hantent des voies nouvelles et se jettent dans l'inconnu, souvent hélas! à leurs dépens? En première ligne est M. du Tremblay, qui, depuis si longtemps et avec tant de persévérance, essaye de substituer à la vapeur d'eau d'autres vapeurs, comme celles de l'éther et du chloroforme, tantôt exclusivement, tantôt en les combinant. Bien des expériences ont été faites, et tout Paris a pu voir, pendant une saison entière, un bâtiment de l'État stationnant sur les quais du Louvre et qui ne semblait pas avoir d'autre emploi que cette destination scientifique. Il y a lieu de croire que ces recherches auront été suivies de quelque succès. Voici, dans le même sens, la découverte du capitaine Éricsson, qui n'a pas fourni une longue carrière et que reprend aujourd'hui, avec d'autres procédés, M. Siemens, dont la machine a figuré dans les galeries de l'exposition. Le problème, dans l'un et dans l'autre cas, est la régénération de la vapeur, c'est-à-dire le rappel et l'emploi de forces perdues. Le capitaine Éricsson semble avoir échoué; espérons que M. Siemens sera plus heureux. Il faut accompagner des mêmes vœux les inventions de MM. Sauvage et Franchot, qui ne sont encore que des projets, la machine à combustion comprimée de M. Pascal, une machine à disque de MM. Rennie, de Londres, une autre machine de M. Galy-Cazalat, enfin la machine de MM. Maldent, qui présente un système particulier pour la distribution de la vapeur. Même quand ils s'abusent, les hommes en quête de découvertes ont droit aux respects; ils éclairent la route et préparent le champ où sèmeront de plus habiles ou de plus heureux.

C'est tout un monde que celui des machines à feu; c'en est un autre que celui des machines à bras. L'une des plus curieuses et qui avait le privilége d'attirer le public était celle qui fabriquait d'une manière presque instantanée des tuyaux destinés au drainage. On pouvait assister à l'opération entière, voir l'argile se pétrir, s'étendre, puis s'enrouler en tuyaux. Le même spectacle se renouvelait devant les appareils destinés à la filature de coton; et toutes

les fois qu'ils se mettaient en mouvement les spec-
tateurs ne manquaient pas. Cela se conçoit. Une machine à l'état de repos est un corps dont la vie est
absente; pour y prendre intérêt il faut en connaître
l'anatomie. Il n'en est pas de même d'une machine
animée; elle captive et instruit. Aussi n'y avait-il
pas de succès à attendre, à l'exposition, de l'immobilité; en revanche tout ce qui agissait, broches,
bobines, rabot, tarières, ciseaux à aléser, machines
à coudre, presses d'imprimerie, avait la faveur et la
vogue. C'était à l'une des extrémités de l'annexe que
cette représentation avait lieu; l'activité de cin-
quante usines y était résumée dans une étroite enceinte. Quelle agitation et quel bruit! Ici une pompe
à feu vomissait l'eau par cascades, là des blocs de
bois étaient débités en planches, où se présentaient à
la scie dans le sens des lames ou sous l'angle voulu,
comme dans la machine de Normand; plus loin, le
liége, sous l'appareil de M. Jacob, se découpait en
bouchons coniques; plus loin encore, une roue de
wagon s'ajustait sous le tour à quatre outils inventé
par M. Polonceau; enfin, à l'aide d'une foule d'instruments portatifs, on pouvait voir des clous se fa-
çonner, des fils de fer et des épingles se faire, des
bustes se dégrossir et se sculpter, mille riens, mille

objets ingénieux, obtenus à l'aide de procédés plus ingénieux encore.

Et ce n'est là que de la petite industrie et des jouets auprès des grands métiers de la filature et des tissus. Ces métiers avaient aussi leurs représentations et leurs fêtes. En véritables seigneurs, ils chômaient quelquefois et avaient leurs caprices ; mais il fallait les voir dans les jours d'apparat! C'était à en être émerveillé et assourdi. Pas un d'entre eux qui ne voulût se mêler à ce bruit, à ce mouvement, à cette activité. Tous reprenaient leur point d'appui sur l'arbre de couche et s'ébranlaient à qui mieux mieux. Ils dévoraient alors le coton et la laine avec une ardeur tumultueuse et au milieu du cliquetis de leurs innombrables engins, dépeçaient et tordaient la matière, l'allongeaient en brins imperceptibles, et l'enroulaient ensuite sur des bobines rapides comme l'éclair. A voir ce travail si prodigieux et si régulier dans son désordre, on ne savait qu'admirer le plus ou de la nature, qui en fournit les éléments, ou de l'homme, qui a su en tirer un tel parti. Que de temps et d'essais il a fallu pour en venir là, depuis le métier à la tire, inventé au début du dix-septième siècle par Claude Dagon, jusqu'au métier Jacquart et aux mull-jennys ! On sait que la filature automatique du coton est d'origine anglaise ; nos voisins y sont restés maîtres, et c'est encore à eux qu'il faut s'adresser pour les meilleurs appareils. Cependant un de nos constructeurs, qui est filateur en même temps, M. Schlumberger, n'a pas craint d'engager la lutte ; et on a pu voir, à quelques pas de distance, les assortiments complets d'une filature dans l'un et dans l'autre pays. M. Platt tenait pour l'Angleterre, M. Schlumberger pour la France. Il n'y a lieu ni de juger ni de comparer. La filature anglaise n'a perdu aucun de ses avantages ; mais sur l'exposition de M. Schlumberger on peut mesurer le degré de perfectionnement où sont arrivés nos constructeurs pour les machines à coton. Dans la filature mécanique du lin, la France retrouve la priorité ; c'est à Philippe de Girard que l'on doit la première peigneuse. Depuis cette découverte, plutôt indiquée que fixée, l'industrie n'a cessé de marcher, comme le témoignent les appareils de M. Combe et de M. Windsor. Quant à la filature de la laine, aucune n'est plus active ni plus féconde ; les inventions et les améliorations s'y succèdent. C'est à nos manufacturiers que l'on doit le peignage par mèche, qui a introduit dans cette fabrication un élément nouveau, et prend chaque jour plus d'empire. Il eût été utile de rapprocher les procédés anglais des nôtres, qui abondaient à l'exposition ; mais là encore il y a eu une lacune, au moins pour les cardes et les peignes. MM. Sykes et Ogden ont seuls exposé leur machine à échardonner, qui jouit d'un certain crédit. Toutes les opérations si multipliées que subit la laine, le lavage, le suintage, le battage, le louvetage, ont des appareils qui y répondent. Il en est de même de la filature, du tissage, du foulage, qui amènent la matière au degré de perfection où elle devient propre à l'emploi et où elle se transforme, au gré de nos besoins, en tissus, en draps, en chapeaux, en ameublements et en vêtements de toute espèce. Quand on remonte à l'origine de ces travaux et qu'on embrasse d'un coup d'œil cette suite de métamorphoses, on est surpris et effrayé à la fois que des objets dont on fait si bon marché aient passé par tant de mains et coûté tant de sueurs, et involontairement on se sent animé d'une reconnaissance plus profonde pour les services de l'industrie humaine.

II.

Il n'a été question jusqu'ici que des instruments de production ; le moment est venu de parler des produits ; ce que les machines ont pour objet de

préparer, nous allons le voir accompli. En procédant
par ordre d'importance, ce qui se présente d'abord,
ce sont les tissus. Il a été calculé que les industries
textiles comptaient à l'exposition de 1855 plus de
cinq mille représentants, c'est-à-dire qu'elles en formaient le quart environ, si on envisage l'ensemble
des établissements qui y figuraient. Mais aussi que de
branches diverses et que de variétés dans les mêmes
branches ! Cotons, laines, soies, lins et chanvre s'offraient sous toutes les formes que la main de l'homme
peut leur donner, depuis l'étoffe la plus modeste
jusqu'aux dentelles les plus riches. Dans le coton,
l'échelle partait d'un calicot à 20 centimes le mètre
pour arriver au tulle broché et façonné ; dans le lin
et le chanvre, de la toile à bâche à la belle batiste
et au linge damassé le plus somptueux ; dans la
soie, de la plus humble florence au brocart et au
velours ; dans la laine, du châle français de 1 fr.
28 cent. jusqu'au châle de 1,000 fr., du drap à 3 fr.
jusqu'au drap à 60 fr. le mètre, puis aux belles mo-
quettes et à ces tapisseries de haute lisse où l'industrie et l'art s'unissent dans des créations merveilleuses. Ce n'est pas tout, à côté de ces matières
fondamentales figuraient d'autres étoffes composées
d'éléments de fantaisie : — des toiles et des tapis en

jute, des coutils en *china-grass*, des nattes d'abaca
et de palmier, des articles en aloès et en chanvre de
Manille, les produits si variés du cachemire, du poil
de chèvre, de l'alpaga, du crin, même du caoutchouc,
si répandu aujourd'hui, des tissus en matières mélangées, telles que lin et coton, coton et laine, laine
et soie, — toutes mariées çà et là à l'alpaga et au
poil de chèvre ; enfin les essais sans nombre faits avec
plus d'audace que de bonheur en étoffes d'herbe,
écorces du mûrier, d'ormeaux, en poils de lapin et
d'autres encore décorées de noms ambitieux et la
plupart assez mal justifiés. Telle était la part des industries textiles ; on voit que rien n'y manquait, ni
la diversité, ni l'originalité, ni l'abondance.

Peut-être y aurait-il à signaler un défaut de proportion parmi les exposants de chaque catégorie ;
le nombre était loin de se trouver en rapport avec
l'importance du travail. L'Angleterre, par exemple,
n'en avait guère qu'une centaine pour les tissus de
coton, tandis que la France en comptait 410, et
pourtant l'Angleterre transforme et tisse cinq fois
plus de coton que la France. De leur côté, les États-
Unis ne s'étaient pas départis de ce dédain superbe
qu'ils affectent vis-à-vis de l'Europe, et on cherchait
vainement, au milieu de cette collection nombreuse,

leurs filés et leurs tissus. L'Autriche s'était montrée plus empressée ; la Prusse, la Saxe, les petits duchés allemands, les États sardes et d'autres encore y avaient mis une bonne volonté louable. Comment expliquer cette indifférence des Américains? Dans la filature et le tissage, les États-Unis occupent aujourd'hui le second rang ; l'Angleterre seule les . devance, de beaucoup, il est vrai : nous ne passons qu'après eux. Sur les 500 millions de kilogrammes de coton que récolte l'Amérique du Nord et qui forment les quatre cinquièmes de la production totale du globe, l'Angleterre en consomme à elle seule 300 millions, qui alimentent 18 millions de broches; les États-Unis 110 millions de kilogrammes pour 5,500,000 broches ; la France 72 millions de kilogrammes pour 4 millions de broches. Après ces grands États viennent par ordre d'importance l'Autriche, la Russie, le Zollverein, l'Espagne, la Belgique, etc. Les progrès de cette industrie ont été tels que le kilogramme de filé de n° 30, par exemple, qui coûtait 12 fr. en 1816, 6 fr. en 1834, peut être livré actuellement à 4 fr. 50, quoiqu'il y ait eu à la fois élévation dans le prix de la main-d'œuvre et amélioration des qualités. Peu d'industries ont eu une croissance aussi rapide ; et il semble qu'elle soit arrivée à ce moment de repos qui suit les exercices forcés. Plus de ces découvertes qui la transformaient à vue d'œil, plus de ces énergiques élans auxquels répondait l'émotion publique et que saluaient des applaudissements universels. Ce n'est plus une industrie turbulente et conquérante, comme elle a pu l'être dans la première jeunesse; c'est une industrie qui, prenant de l'âge, se range, fait ses comptes, et ne court plus les aventures. De là un peu de froideur dans l'ensemble de son exposition et de la part des curieux un certain délaissement. L'attitude avait changé : de l'enthousiasme on était passé à l'estime. Sans doute il y avait là des efforts sérieux, un désir de perfection, une étude des détails qui frappaient les hommes du métier; mais pour la foule il n'y avait plus de surprises, et elle en est avide par-dessus tout.

Aussi y a-t-il peu à insister sur les tissus de coton, où tout le monde, États et fabricants, ne s'est appliqué qu'à maintenir les positions respectives. Le comité de Manchester a pourtant montré les forces de cette industrie dans un bel ensemble, et atteint la limite extrême du rabais en offrant un calicot de 80 centimètres de largeur au prix de 17 centimes le mètre. Dans toute la série des articles de

coton, basins, piqués, percales, jaconas, unis ou
façonnés, toiles blanches ou toiles peintes, l'Angleterre conserve les avantages d'une fabrication plus
économique et de prix plus discrets. Si la Normandie s'en rapproche de loin, ce n'est que dans des
produits intermédiaires; si le nord de la France
maintient sa position, c'est à l'aide d'articles mixtes
où l'art des mélanges et la supériorité des couleurs
jouent un rôle dans la valeur du produit; enfin, si
l'Alsace ne déchoit pas de sa renommée, si elle est
restée inimitable pour les toiles peintes dans ce
qu'elles ont de plus accompli, c'est au goût de ses
dessinateurs et de ses fabricants qu'elle le doit, à
un travail d'imagination que rien ne supplée et
qui se renouvelle incessamment, au choix et à la
variété des dessins, à la finesse des nuances, à un
ensemble de perfections qui lui ont valu le sceptre
de l'article et où il sera difficile de l'égaler. Parmi
les autres pays d'Europe, il en est où l'industrie
du coton se défend avec succès et conserve, même
dans le tissage à bras, le privilége de la consommation locale. C'est le cas des États allemands où l'on
confectionne ces fortes étoffes, tirées à poil, qui remplacent le drap pour beaucoup d'usages. L'Angleterre
y excelle, et c'est à elle que l'Allemagne a fait cet

emprunt, auquel Rouen aurait dû songer. Manchester livre dans ces conditions des futaines très-chaudes, très-épaisses, tantôt à côtes comme le velours, tantôt imprimées à triple rouleau, et qui ne reviennent pas à plus de 85 centimes le mètre; pour 2 francs, on a un pantalon de ce tissu très-solide et très-résistant. La Suisse n'est pas en arrière pour ces confections économiques, et tout le monde a pu admirer sa belle exposition de mousselines du prix le plus modeste comme du prix le plus élevé; c'est une concurrence redoutable pour notre fabrique de Tarare, qui a besoin, pour s'en défendre, de tout son génie, de toute son activité et du prestige d'un nom déjà ancien dans cette industrie.

Dans les tissus des lins et des chanvres, la variété est moindre; l'industrie est également moins avancée. Pour le coton, le fuseau et le rouet ne sont plus qu'un souvenir; ils sont encore, pour le lin et les chanvres, un instrument usité, surtout dans les fils destinés à la dentelle et à la mulquinerie. C'est à la nature même de la substance, plus dure, plus énergique, plus résineuse que le coton, qu'il faut attribuer les différences dans le mode de traitement. Elle exige plus de soin, des machines plus fortes, conditions qui laissent encore aux bras humains une petite place dans son domaine. Cependant cette place s'amoindrit chaque jour au profit de l'action mécanique. L'Angleterre est entrée dans cette voie d'une manière à peu près exclusive, et un seul établissement file aujourd'hui à Leeds plus de chanvre et de lin que n'auraient pu en filer autrefois les rouets de toutes nos provinces. Cette puissante maison a manqué à l'exposition de Paris et y a fait un vide. Tous les pays manufacturiers ont d'ailleurs des métiers à lin et en augmentent graduellement le nombre. La Grande-Bretagne compte 1,268,000 broches, la France 350,000, le Zollverein 80,000, l'Autriche 30,000; on en suppose 50,000 à la Russie, 15,000 aux États-Unis, à l'Espagne 6,000 seulement. Par ces chiffres, rapprochés de ceux des populations respectives, on pourrait arriver, si cette recherche était utile, à la connaissance exacte de ce qui reste au travail à la main. D'ailleurs les préventions qui existaient contre le tissage mécanique se dissipent de plus en plus devant la perfection incessante des produits. Il est impossible de rien voir de plus beau, de plus fort et de plus souple à la fois que les toiles sorties des métiers anglais, et pour tous les articles unis ils nous sont incontestablement supérieurs. C'est seulement dans les articles façonnés que nous reprenons nos avantages. A l'exposition, nos linges damassés se faisaient remarquer par leur beauté et leur élégance; ils n'ont plus de rivalité à craindre que dans la vieille industrie de la Saxe, et encore, en analysant les sujets, l'exécution et les apprêts de nos grands services de table, y trouverait-on des qualités auxquelles la Saxe prétendrait vainement. Dans les toiles à bas prix, il y a eu également des progrès notables; et l'on pourrait en citer d'excellentes et de la plus grande largeur qui ne coûtent pas plus cher que des toiles de cretonne. Ce n'est pas que les concurrences manquent; elles abondent, au contraire, et ne sommeillent pas. Outre l'Angleterre et la Saxe, voici la Belgique, voici la Suisse. On sait quelle importance l'industrie des toiles a acquise en Belgique et à quelle perfection elle y est portée. L'exposition en a fourni le témoignage, et les beaux produits de M. Vercruysse-Bruneel y ont été fort remarqués. La Suisse entre à son tour en ligne; on dirait qu'elle ne veut demeurer étrangère à aucune industrie textile; elle a la soie, elle veut avoir le lin, et s'y prend de manière à ne pas essuyer de démenti.

L'industrie des tissus de laine est vieille comme

le monde et n'y a jamais décliné. Depuis l'homme qui se préserva du froid au moyen d'une toison jusqu'à celui qui se couvre du drap le plus fin, la laine a toujours eu dans le vêtement la première et la plus importante place. Aussi s'est-on ingénié partout et dans tous les temps à lui donner les formes les plus commodes et les plus variées; les anciens savaient la teindre, savaient la tisser; plusieurs peuples y ont excellé. Le génie moderne n'y a point épargné ses efforts : jamais la laine ne se prêta à des emplois et à des traitements plus divers. On la foule et on la drape, c'est le procédé ancien ; on la tisse sans la fouler, enfin on la combine avec d'autres matières, c'est la découverte la plus récente et celle qui est le plus susceptible de perfectionnements. En général, pour la draperie et le foulage, ce sont des laines courtes et vrillées que l'on emploie; les laines longues se tissent, et on en tire les beaux mérinos châlys, les stoffs, les châles croisés, qui sont un des plus beaux titres de l'industrie française. Dans les articles à long poil, l'Angleterre a des ressources qui lui sont propres ; elle trouve dans ses bergeries les belles laines de *southdown*, de *dishley*, de *cheviot*, qui servent à la fabrication des tartans. Sous ce rapport, la France

est un peu dépourvue. Pour les draperies supérieures, il faut qu'elle tire ses matières de l'Allemagne, pour les articles intermédiaires de l'Australie et de la Russie. Des droits exorbitants et une
législation indigeste ajoutent encore aux embarras
extérieurs de l'industrie. Cependant elle marche,
elle grandit : on fait incomparablement mieux et à
meilleur compte qu'il y a vingt ans. Quoique les
salaires aient augmenté, le mètre de mérinos qui
valait alors 12 francs n'en vaut plus que 3. Même
progrès dans les barèges, les mousselines-laine et
les articles de fantaisie. Ce que nous en avons vu à
l'exposition ne fait que confirmer ce sentiment; les
vétérans du mérinos s'y trouvaient auprès de nouveaux athlètes, et tous s'y sont distingués. Quant à
la draperie, elle a fait des efforts pour y paraître
dignement; tous les grands foyers de production et
presque tous les grands manufacturiers ont tenu à
honneur d'y figurer. Plusieurs ont reçu des récompenses auxquelles l'opinion publique s'est as-
sociée. Pour les qualités ordinaires et inférieures,
nous restons, il est vrai, bien au-dessous de l'é-
tranger : l'Autriche, la Prusse, l'Angleterre, la Belgique, l'Espagne même donnent à des prix plus
modérés que nous des draps qui, pour manquer de

finesse et de coup d'œil, n'en sont pas moins d'un très-bon service; mais, en revanche, pour les qualités de choix, les draps supérieurs l'avantage nous demeure. Il y aurait beaucoup à dire sur ce contraste, qui tient moins à une impuissance intrinsèque qu'à un régime défectueux; le sujet exigerait trop de développements. Toujours est-il qu'en matière de draperie économique les honneurs de l'exposition ont été pour l'Allemagne ou plutôt pour la Moravie. Brunn a montré des coupons à 5 francs le mètre, qui ont fait l'étonnement des gens du métier; il est vrai que Brunn a sous la main les plus belles toisons du monde et à des prix qui lui permettent d'être discrète. Pour être juste, il faut ajouter que nous avons eu notre surprise, comme les Allemands; Vire s'est révélée sous un nouveau jour et a exposé des draps entre 6 et 9 francs le mètre, dont la confection et l'aspect doivent donner à réfléchir aux villes du Languedoc, un peu engourdies dans leur fabrication.

Un mot sur les châles cachemires. S'il y a une industrie nationale, c'est celle-là. Depuis que nous nous sommes attaqués à l'Inde avec la prétention de la vaincre à force d'industrie et d'art, plus d'un pas a été fait. L'Inde marche aussi, et ce pays de l'immobilité s'est ému de cette concurrence lointaine. La partie est donc liée, et c'est profit pour tout le monde. Pour s'en convaincre, les éléments ne manquent pas. Il existe encore, et sur plus d'une épaule, de ces châles qui datent de la restauration et de l'empire; qu'on les rapproche des beaux châles d'aujourd'hui : quelle distance pour le tissu, pour la douceur des tons, la variété des couleurs, l'élégance du dessin ! Et pourtant, si évident, si incontestable que soit le progrès, on est encore loin des produits de l'Inde ! Il existe en Asie un procédé qu'on nomme en termes techniques le *spouliné* et qui consiste en une espèce de broderie au fuseau ; où l'on n'emploie la matière qu'aux points même où elle doit apparaître. Or, c'est le *spoulinage* mécanique que l'on cherche, afin de n'avoir plus rien à envier aux Indiens. On ajoute qu'il est trouvé et pratiqué avec succès par quelques-uns de nos fabricants, M. Gaussen, M. Dencirousse, de sorte qu'à l'heure qu'il est l'Inde n'aurait plus qu'à désarmer. Soit, mais il ne semble pas néanmoins qu'elle s'y résigne, et on pouvait voir à l'exposition des châles de Lahore qui faisaient une assez bonne contenance devant la légion rivale, réunie à l'autre extrémité du palais, Les châles français avait pour eux le nombre et l'ordre de bataille ; ils étaient sur leur propre terrain, et pourtant je n'oserais pas assurer que la victoire leur soit restée. Ces châles de l'Inde sont de terribles enchanteurs ; ils plaisent même par leurs défauts ; ils ont pour eux l'oreille des femmes ; espérons qu'elle leur sera enlevée, aux applaudissements des maris. Alors seulement les châles de l'Inde seront vaincus.

Des châles à la dentelle il n'y a pas loin ; c'est un autre chapitre du livre des séductions. Rarement on en avait vu une collection aussi riche et aussi nombreuse ; on eût dit que toute la dentelle du globe s'était donné rendez-vous sous les voûtes du même palais. Au rez-de-chaussée M. Lefébure, dans les galeries supérieures MM. Videcocq et Simon avaient déployé des merveilles. Plus loin, c'était Nottingham qui se mettait en frais d'étalage, ou Saint-Pierre-lez-Calais qui, par des prétentions plus modestes, cherchait à s'attirer les préférences de la petite propriété. Aucun des noms célèbres ne manquait à l'appel, et comme ils devaient éveiller de convoitises secrètes ! Bayeux, Bruxelles, Alençon, Malines, Valenciennes, Chantilly. Ne parlons de Tulle que pour mémoire, et du point d'Angleterre, du véritable du moins, que comme on parle du phénix. La liste des dentelles était donc au grand complet, et c'était un beau spectacle. Pendant quinze jours, il ne fut question que de cela, et l'une des interpellations les plus ordinaires quand on parlait de l'exposition était celle-ci : Avez-vous vu les dentelles? Il est vrai que la vogue passa bientôt ailleurs; rien ne dure ici-bas. Après les dentelles, ce fut le tour des tapis, tapis d'Aubusson, de Felletin, de Nîmes, de Tournai, d'Halifax, et surtout des magnifiques tapis de haute lisse ou de la Savonnerie, qui entouraient la rotonde comme une décoration, et provenaient des manufactures de Beauvais et des Gobelins. Plus tard, Sèvres eut le dessus, et ce fut à qui s'extasierait devant les coupes en pâte-céladon, les aiguières, les vases, les urnes, les buires, les coffrets, les baptistères, les services de table, merveilles ou bijoux faits pour tenter un puritain. Enfin les joyaux l'emportèrent et parvinrent à tout effacer, porcelaines, tapis et dentelles. On admira d'abord celui de M. Halphen, ceux de M. Bapst, et peu à peu on s'éleva plus haut, si bien que, cinq mois durant, il ne fut question aux alentours des Champs-Élysées que de l'exposition des diamants de la couronne.

A côté des arts qui s'adressent au luxe, il en est

d'autres qui intéressent la science. De ce nombre
sont les arts de précision, qui ont tenu un rang honorable à l'exposition, l'horlogerie entre autres,
où M. Wagner neveu excelle pour l'invention et le
perfectionnement. Sa main a touché à tout et d'une
manière heureuse, aux compensations, aux échap-
pements, à l'isochronisme du pendule. Il y avait
aussi dans l'annexe plusieurs horloges électriques,
les unes françaises, les autres étrangères, assez semblables pour les dispositions, et parmi lesquelles
on remarquait celle de M. Vérité. Dans la petite horlogerie, les bons ouvrages et les exposants abondaient; la Suisse en comptait soixante-seize, jouissant
tous d'un crédit mérité. Pour Paris, M. Berthoud
conduisait la colonne; pour Londres, c'était M. Ch.
Frodsham; pour l'Autriche, MM. Suchy et fils; pour
le Danemark, M. Jurgensen. La province était représentée par M. Japy de Beaucourt, dont l'établissement est l'un des plus importants qui existent
pour la petite horlogerie. C'est de ce village du
Haut-Rhin et d'un autre village des environs de
Dieppe, nommé Saint-Nicolas d'Alliermont, que
sortent la plus grande partie des *ébauches* de montres et des *roulants* de pendules, qui vont ensuite
recevoir dans les ateliers des villes les pièces qui

doivent les compléter. A côté de la grande et de la petite horlogerie figuraient les instruments de précision, au nombre desquels il est juste de signaler l'objectif de M. Lerebours, le thermomètre de M. Walferdin, les instruments d'astronomie et de géodésie de la maison Gambey, les spiraux de balancier de montres de M. Lutz de Genève, enfin les chronomètres de marine et les pendules astronomiques de M. Winnerl.

Il faut franchir rapidement les industries qui relèvent de la physique ou de la chimie et visent au meilleur emploi de la chaleur, de la lumière et de l'électricité. L'intérêt pourtant n'y manque pas, et le sort de nombreuses populations y est attaché. Qui se douterait qu'en Autriche seulement la fabrication des allumettes chimiques, ce modeste produit, occupe plus de vingt mille ouvriers? Et les combustibles économiques, ce chauffage du pauvre, la houille agglomérée, le charbon végétal moulé, la tourbe condensée ou séchée ou carbonisée, n'est-il pas de quelque utilité de savoir quels services ils peuvent rendre, à quel prix on peut les céder? — La fabrication des bougies stéariques a aussi son histoire, que domine le nom de M. Chevreul, comme son médaillon dominait l'audacieuse pyramide de

M. Apollo Kherzen. M. de Milly, autre exposant,
n'a pas manifesté sa reconnaissance sous des formes
aussi sensibles ; mais on ne saurait douter qu'il n'en
éprouve une profonde pour l'honorable auteur de
tant de découvertes qui sont désormais entrées dans
le domaine public. Dans l'éclairage à l'huile et au
gaz, point de procédé nouveau à signaler, et pour
l'éclairage électrique quelques appareils dont il
était difficile de juger le mérite. L'électricité a d'ailleurs des applications bien plus fécondes et bien
mieux vérifiées, comme l'argenture par la pile gal-
vanique, les moteurs et les télégraphes électriques,
dont le domaine est déjà si vaste et tend chaque jour
à s'agrandir.

. Dans les arts chimiques, il n'y a, à proprement
parler, que deux inventions récentes, le caoutchouc
durci, qui éloigne les appréciations sérieuses par
des excès d'étalage, et l'aluminium, au sujet duquel tout a été dit ici, et très-pertinemment. Pour
les teintures, l'exposition était riche, en garancine
surtout ; le bleu de France a été couronné dans la
personne de Francillon, de Puteaux ; la préparation de la soie dans celle de M. Guinon, de Lyon ;
l'impression des toiles dans celles de MM. Gros,
Odier, Roman et Kœchlin frères. Point de supério-

rité légitime qui n'ait tenu à montrer ses titres : M. Bayvet pour les maroquins, M. Nys pour les cuirs vernis, MM. Oalsler et Palmer, de Londres, pour les cuirs tannés et hongroyés, la savonnerie de Marseille pour les savons blancs et madrés, M. Plummer pour ses cuirs de sellerie. Dans l'industrie alimentaire, même empressement; voici M. Champonnois, à qui l'art de fabriquer le sucre doit tant de perfectionnements, et qui aujourd'hui déserte le sucre pour passer à l'alcool; voici M. Chollet et M. Masson, qui prennent dans un potager une botte d'épinards, la dessèchent et la compriment par un procédé particulier, et l'expédient ensuite à l'autre bout du monde sans que le légume ait rien perdu de sa saveur et de ses propriétés; voici M. Crespel-Delisle, l'un des champions de la betterave, et le comité des fabricants de Valenciennes qui relèvent le drapeau du sucre indigène, fort compromis dans ces derniers temps et dégénéré en produit de distillerie. Quels noms désigner encore parmi tant de noms que recommandent leurs travaux? Dans la fabrication des instruments de chirurgie, M. Charrière fils, auquel le jury de Paris devait une réparation des torts du jury de Londres; dans l'anatomie clastique, M. le docteur Auzoux, dont les *écorchés* en cire ont été

forts suivis, quoique les représentations fussent
permanentes; dans les inventions applicables à
l'hygiène, le docteur Arnott, de Londres; dans les
constructions navales, M. Armand, de Bordeaux,
qui a imaginé un système mixte où le fer et le bois
se combinent de manière à assurer aux bâtiments du
commerce une capacité plus grande et à la fois plus
de solidité et de légèreté; dans l'armurerie, les
trois fabriques rivales de Liége, de Paris et de Solin-
gen, M. Lefaucheux, à qui l'on doit les premiers
fusils se chargeant par la culasse, M. Malherbe (de
Liége) et M. Gauvin (de Paris), qui semblent avoir
poussé le plus loin, l'un la modération des prix,
l'autre la perfection et le luxe des armes à feu; dans
la construction des navires à vapeur du commerce,
M. Robert Napier, dont le nom est européen; dans
la construction des bâtiments à vapeur de la marine
militaire, M. Dupuy de Lôme, qui le premier a su
concilier dans un vaisseau de ligne les conditions
de l'armement et celle de la grande vitesse, et en a
fait tout ensemble un instrument de marche et un
instrument de combat; enfin, dans les constructions
civiles, des noms qui ne jouissent pas d'une moindre
notoriété : M. Rendel et M. Stephenson, de Londres,
qui ont exécuté, celui-ci de grands ponts en tôle

entre autres le pont Britannia, celui-là les travaux
du bassin de Grimsby; M. de Montricher, le créateur
de l'aqueduc de Roquefavour; M. Poirée, l'inventeur
des barrages mobiles sur fermettes tournantes; M. Vi-
cat, dont le nom est inséparable de la découverte
des ciments hydrauliques artificiels. Toutefois, à
propos de ce dernier ingénieur, il y a une remarque
à faire. Le bruit s'est répandu, et il paraît fondé, que
les blocs dont il a imaginé l'amalgame éprouvent
au contact de l'eau de mer une décomposition qui
voue à la ruine ou du moins à une altération profonde tous les travaux, jetées ou digues dont ces
matériaux forment la base ou le principal élément.
A ce compte, les ports de Cherbourg, d'Alger et de
Marseille seraient dès à présent menacés dans leur
existence, et il faudrait s'attendre à des tassements
prochains. Déjà les administrations de la guerre et
de la marine s'en sont émues, et l'on a pu voir à
l'exposition un bloc igné, composé par M. Bérard
et qui est destiné à un essai de restauration entrepris
sur la rade de Cherbourg.

Par un retour vers les objets de luxe, nous ren-
controns les grandes manufactures de glaces et les
cristalleries de Saint-Gobain et de Baccarat. Tout le
monde a pu admirer le lustre en cristal de ce der-

nier établissement et la glace gigantesque du premier. Ce sont deux merveilles. Baccarat n'a plus rien à envier ni à l'Angleterre ni à la Bohême, et Saint-Gobain en est arrivé à des dimensions qui mettent la concurrence au défi. Il serait trop long de rechercher si ces tours de force ne sont pas trop chèrement payés par les hauts prix de la fabrication ordinaire, maintenus à l'aide d'un monopole moins légitime qu'ingénieux. Baccarat du moins a des concurrents, et on peut débattre avec lui les conditions de ses services ; Saint-Louis s'en rapproche, et Clichy a fait dans ces derniers temps des efforts louables et heureux pour l'égaler. Dans le sein même de l'exposition, Baccarat avait en présence les candélabres de M. Osler de Birmingham, qui sont une pièce capitale et admirablement combinée pour le jeu et la réflexion de la lumière. Depuis quelques années il s'est fait dans la constitution chimique du cristal une modification qui semble surtout favorable aux grands verres d'optique ; on doit cet essai à la manufacture de Clichy. Il consiste à remplacer le plomb par le zinc, et une partie de la silice par l'acide borique. Les corps ainsi composés sont d'une grande pureté et d'une·résistance parfaite ; le seul inconvénient qu'ils présentent est

dans la dureté, incompatible avec certains emplois
et réfractaire à la taille et au moulage; or c'est un
titre pour les objectifs. Dans la cristallerie courante
.et la cristallerie de couleur, on a vu plus d'une
pièce de choix. Chez M. Utter, c'était de la bonne go-
beletterie; chez M. Launay-Hautin, une collection de
vases et de caves d'un goût délicat; la verrerie de
Vallerystal se distinguait par la coloration et la
transparence; MM. Chance frères, verriers anglais,
se faisaient remarquer par la limpidité de leurs
lentilles, que nous n'avons pas encore pu égaler;
MM. Jonet et la société d'Herbatte en Belgique, par
la beauté du rouge, la pureté de la matière et la
discrétion des prix. Quant à la Bohême, c'est dans
le craquelé surtout qu'elle excelle; ce genre semble lui appartenir. Rien de plus gracieux que les
coupes de craquelé de MM. Meyer, dans le blanc surtout; on dirait que le verre est tapissé d'une légère
couche de glace, comme il s'en dépose sur les vitres
par les grands froids; le comte Harrach avait aussi
des craquelés et deux magnifiques vases rouges d'une
forme parfaite et de la plus belle couleur. Il ne faut
pas oublier la Bavière, dont les services en dorure
vermiculée attiraient l'attention des curieux.

Dans la céramique, une fois Sèvres mis hors de

concours, c'est l'étranger qui l'emporte : la Saxe
pour les articles de prix, l'Angleterre et la Belgique
pour les articles de fabrication courante. Nous sommes loin du temps où l'art du potier s'exerçait sur
la plus humble matière et où l'argile s'animait
sous ses doigts. Ni les vases étrusques ni les majo-
liques de Pise ne feraient fortune aujourd'hui, où
l'on consomme des services par douzaines et uniformes dans leurs dispositions. C'est là le triomphe
de l'industrie anglaise, qui a toujours des assortiments prêts et expédie de la porcelaine au monde
entier et au plus juste prix. Il ne faut pourtant pas
se montrer injuste envers M. Minton, qui est l'un
des plus importants et des plus habiles pourvoyeurs
que l'on connaisse. Dans le cercle de ses opérations
et sans faire à l'imagination une part trop grande,
il a su étudier l'antique et se mettre à la recherche
de procédés qui semblaient perdus. S'il n'a pas
chez lui de Palissy, il a des artistes qui s'appliquent
à varier les formes de ses produits et dont l'habileté contribue à la fortune de son établissement. On
a pu en voir la preuve dans ses vases en camaïeu
ou gros bleu, à médaillon, dans ses porcelaines et
ses biscuits, dans ses carreaux incrustés en diverses
couleurs, et surtout dans ses imitations des majo-

liques florentines. M. Copeland le suit de près et cherche à copier le vieux sèvres ; mais où M. Minton l'emporte, c'est dans la production d'articles usuels à des prix qui semblent impraticables, tant ils sont réduits. La Saxe elle-même ne pourrait descendre plus bas, et la Belgique s'efforce en vain d'y arriver. Auprès de ces puissances de la céramique, nos établissements privés pâlissent nécessairement. Ils ont marché sans doute, et qui ne marcherait pas au milieu du mouvement universel? mais ils l'ont fait lentement, avec beaucoup de précautions, comme on peut le faire lorsqu'on a des débouchés réservés, une clientèle sûre et qui ne peut échapper. Là est le motif le plus réel de notre infériorité. Notre industrie céramique manque d'audace, parce que l'audace n'est pas une condition essentielle de son existence et qu'elle peut s'en passer. Quand par occasion elle en montre, c'est pour fatiguer le gouvernement de ses plaintes et pousser des cris d'alarme à la moindre menace d'une rivalité imprévue. Elle prend goût à sa position; elle aime ses aises et ne veut pas s'en départir. Aussi ne brille-t-elle guère dans les expositions universelles. A peine peut-on la citer pour quelques articles de fantaisie, où notre génie prévaut malgré tout. Ainsi MM. Pouyat, de

Limoges, ont eu, à ce point de vue, une exposition à part ; leur service émail et biscuit, décoré par un artiste habile, M. Colomera, a généralement réussi. Il en est de même des pièces exposées par M. Boyer, qui imitent le sèvres, des poteries de M. Follet, des faïences de M. Ristori, des animaux de M. Avisseau et de l'industrie si utile de M. Borie, qui est l'inventeur des tuiles creuses, aujourd'hui employées dans presque toutes les constructions de Paris.

La série des industries de luxe nous conduit à la carrosserie. Elle occupait à l'exposition une place considérable ; on n'y pouvait faire un pas sans se heurter à une file de voitures, voitures de ville, voitures de gala, berlines, landaus, calèches, coupés, américaines, phaétons, victorias, cabriolets à quatre roues, tilburys, breecks, dog-carts, cabs, sans compter les wagons. Il nous en était arrivé de tous les points du globe, même de la Norvége, du Canada et du Mexique. Ce qui était sensible dans tous ces produits et même dans les voitures envoyées de Londres, c'est l'imitation des formes françaises. L'Autriche seule a conservé une lourdeur qui semble de tradition, et qui frappe surtout dans le carrosse d'apparat exécuté par M. Laurenzi pour le maire de Vienne. Quoi qu'il en soit, la carrosserie plaisait aux curieux et se justifiait ainsi d'occuper tant d'espace. Les modèles de wagons étaient logés plus à l'étroit, et se confondaient avec la sellerie et les équipages d'ambulance. A la vue de ces derniers, une douloureuse émotion gagnait le cœur : ces cacolets, ces chariots rappelaient ceux qui, dans un jour de combat, transportent nos héroïques blessés, et offraient au milieu de tant d'attributs pacifiques une image de cette guerre où le sang des nôtres a tant coulé.

Si les voitures tenaient beaucoup de place, les pianos menaient beaucoup de bruit. Cent huit instruments représentaient un nombre égal d'exposants, et offraient toutes les variétés imaginables, pianos droits, pianos à queue, pianos simples et pianos à orgues. Les grandes maisons s'étaient piquées d'honneur, et plusieurs de ces instruments sont des chefs-d'œuvre d'ébénisterie. On sait à quels noms est échu l'empire du piano, MM. Érard, Pleyel et Hertz. Ils ne semblent pas d'humeur à s'en dessaisir, et l'exposition n'a fait à leur égard que confirmer d'anciens titres. M. Sax paraît aussi avoir maintenu ses droits sur les instruments de cuivre ; la famille sonore à laquelle il a donné son nom s'élevait en trophée jusqu'aux voûtes du palais, et imposait aux regards par son formidable appareil. Pour la clarinette, M. Bœhm, de Munich, a eu les honneurs du concours. Il est parvenu, assurent les juges, à discipliner cet instrument rebelle, et cela au point de rendre infaillible la justesse de ses intonations. C'est un succès dont les oreilles délicates lui sauront gré. Quant au violon, c'est de M. Vuillaume qu'il relève. M. Vuillaume a retrouvé, à ce qu'il semble, les procédés des anciens luthiers, et traite les instruments à cordes à la manière des vieux maîtres italiens. N'oublions pas M. Cavaillé-Col, un des meilleurs organistes que nous ayons, et auquel l'orgue est redevable de nombreux perfectionnements.

III.

Il ne me reste plus qu'un devoir à remplir, et malgré la longue course que j'ai fournie je n'y manquerai pas. Non loin de ces galeries brillantes, on en avait ouvert une autre, beaucoup plus modeste, sous le nom de *galerie de l'économie domestique*. Il y avait là le germe d'une bonne pensée et d'une bonne action ; malheureusement on ne s'y est pas pris assez tôt, et il est à craindre que l'intention

seule en survive. Il s'agissait d'une collection de
produits qui, dégagée du superflu, se bornerait au
strict nécessaire, c'est-à-dire, — en copiant les termes
mêmes du programme, — à tout ce qui sert
à l'aliment, au vêtement, au logement et à l'ameublement. C'était assez pour que la grande partie des
industries y entrât en réduisant ses prétentions et
en ne produisant que ce qu'elle avait de plus simple
et de plus usuel. Aucune n'en était exclue, à deux
conditions toutefois : la première, c'est que les prix
fussent sincèrement déclarés ; la seconde, c'est que
le rabais ne couvrît pas des défectuosités intrinsèques. Le bon marché, en effet, n'est pas un terme
absolu, il doit correspondre à la qualité, à la destination et à l'emploi des choses ; il doit être le bon
marché dans toute l'acception du mot, une réalité,
et non un leurre.

Voilà sous l'empire de quel sentiment fut ouverte
la galerie d'économie domestique. Il va sans dire
que toutes les marchandises, sans acception de nationalité, y avaient accès ; c'était là l'objet sérieux
de l'expérience. Ainsi comprise, elle fournissait les
moyens de comparer les ressources de l'étranger et
les nôtres dans la sphère des consommations habi-
tuelles, les éléments de la vie chez lui et chez nous,

d'établir en un mot le budget de l'individu en France
et au dehors. Bien des illusions règnent sur ce sujet,
et il était bon de les dissiper. On s'imagine en effet
que le chiffre du salaire ou du revenu suffit pour
évaluer avec justesse la somme des besoins satisfaits : c'est une erreur. Les chiffres du revenu ou du
salaire ne sont que l'un des termes de cette appréciation, la recette ; l'autre terme, c'est la dépense,
et tous deux sont corrélatifs : séparés, ils ne signifient rien ; réunis, ils représentent la condition de
l'individu. Souvent avec une dépense moindre il y
aura plus de besoins satisfaits, et moins de besoins
satisfaits avec une dépense plus forte. Cela dépend
du prix des choses et de la qualité non moins que
du prix. L'exposition des produits usuels allait en
rendre la démonstration sensible ; elle allait établir
à tous les yeux, et par la meilleure des preuves, les
conditions de l'existence au dehors et chez nous,
nos moyens de vivre et ceux de l'étranger.

L'expérience a été incomplète, et elle est à suivre
ou à recommencer. Parmi les industries qui étaient
représentées dans la galerie d'économie domestique,
l'absence des grands établissements était manifeste,
et enlevait à une étude comparée ses meilleurs et
plus fructueux éléments. De leur part, c'était dédain

évident ou défiance invétérée. D'autres industries, et des plus essentielles, faisaient complétement défaut. Ainsi les toiles peintes, dans les conditions du bon marché, manquaient absolument; ni l'Alsace, ni la Normandie, ni l'Angleterre n'avaient rien exposé; les soieries économiques de l'Allemagne et de la Suisse n'y figuraient pas non plus à côté de celles d'Avignon et de Lyon. Même lacune dans les métaux, les fers, les aciers, la coutellerie, les rasoirs, les outils, les instruments. Les lainages n'y tenaient pas la place qu'ils auraient dû y tenir, ni les tissus de fil et de coton, ni les broderies et les mousselines à bas prix. Cependant, malgré ces vides, il y a eu plus d'un fait à recueillir. Pour la draperie, l'épreuve a été des plus concluantes, et l'Allemagne en a eu les honneurs. En revanche, sur les velours de coton destinés aux vêtements d'hommes, sur les porcelaines d'usage courant, sur les couvertures de laine, sur les flanelles, sur les bas de coton, sur les chemises de tricot, sur les caleçons, les fabricants anglais regagnaient amplement le terrain perdu. On ne saurait imaginer jusqu'où descend ce rabais; il est de nature à faire naître l'incrédulité; d'excellents bas d'hommes à 3 fr. 75 cent. la douzaine, des bas d'enfants à 40 cent. la douzaine, des couverture des laine à 3 francs 75 cent., des chemises de tricot à 7 francs la douzaine, et ainsi du reste.

Si j'ai insisté sur ces détails, c'est pour en tirer une conclusion, que je crois fondée, sur l'ensemble de l'exposition de 1855. Volontiers, quand on compare l'industrie étrangère à la nôtre, on cède à un mouvement de fierté nationale, et l'on s'adjuge la supériorité. Lisez les opinions écrites, écoutez les appréciations verbales, partout vous retrouverez ce sentiment, que pour telle industrie, et de proche en proche on en arrive à les nommer toutes, la France n'a rien à envier au reste de l'Europe, et qu'elle a le droit de s'enorgueillir de ce qu'elle produit. Ce qu'il y a de plus curieux dans ce certificat qu'on se délivre à soi-même, c'est que les personnes qui en exagèrent le plus les termes sont précisément celles qui se refusent d'une manière absolue à laisser les marchandises étrangères aborder nos marchés sous une forme quelconque, crient à la trahison quand on se relâche des mesures de précaution destinées à les éloigner, et traitent de cerveaux à l'envers les hommes qui ne voient pas la ruine de la France attachée à l'entrée de quelques pièces de drap saxon ou de calicot anglais. Je ne juge pas la contradiction, je la constate : d'un côté la bonne opinion que l'on a de ses forces, de l'autre la répugnance que l'on éprouve à en fournir la seule preuve qui ne soit pas susceptible d'être récusée. En lui-même, ce sentiment qui conclut toujours à notre avantage est moins présomptueux et moins erroné qu'il n'en a l'air. Quand on le pénètre, on se convainc qu'il ne manque ni de bonne foi ni d'une apparence de fondement. Supérieurs en toute chose ou à peu près, est-ce donc là où nous en sommes ? Non, assurément, pour des arbitres qui rendent un arrêt sérieux; mais pour des esprits qui s'en tiennent à la surface et font pencher les faits du côté qui leur sourit, il y a pour nous en toutes choses une certaine supériorité, ici plus réelle, là plus imaginaire.

Le propre des industries étrangères, c'est de ne mettre dans les objets de consommation usuelle que ce qu'il est indispensable d'y mettre pour un bon emploi, de les traiter d'après des modèles uniformes et dans de telles proportions que le coût en est nécessairement diminué; c'est d'avoir pour constante préoccupation l'accroissement des débouchés, et d'y aboutir par la modération des prix et une grande loyauté professionnelle. De là le succès des établissements de premier ordre qui existent en Angleterre et sur les traces desquels les nôtres s'efforcent de marcher;

aller au but par le plus court et le meilleur chemin, c'est leur devise, et ils n'y dérogent pas. Aussi faut-il reconnaître que pour les principaux articles de consommation, comme les tissus de coton, de laine et de fil, le travail des métaux, la construction des machines et du matériel naval, les objets d'économie domestique, la production de la houille, les porcelaines, les faïences et les poteries communes, ils l'emportent évidemment sur nous, et que, si nous avons fait de grands efforts pour nous en rapprocher, nous ne les avons point encore atteints. Ce n'est pas, il est vrai, un empire sans partage, et d'autres puissances y exercent un droit de revendication : la Belgique pour la houille, les draps, les armes, les fers; l'Allemagne pour les lainages, les aciers et les porcelaines; la Suisse pour les matières textiles; le nord de l'Europe pour les constructions navales. Mais à réunir toutes ces forces en un seul faisceau et à envisager l'étranger d'une manière abstraite, la supériorité lui reste acquise pour cet ensemble d'articles, c'est-à-dire pour ceux dans lesquels il entre plus d'industrie que d'art.

En revanche, la France remonte au premier rang pour ceux qui exigent plus d'art que d'industrie, et s'y élève d'autant plus que l'art y tient plus de place et l'industrie moins. C'est le cas pour les produits si variés de la fabrique de Paris, pour les cuirs et les maroquins de choix, pour la ganterie, pour les tissus de soie et les rubans, pour certains tissus de laine, pour les linges damassés, pour les dentelles, pour les châles, pour les étoffes mixtes, pour le travail des métaux là où les façons importent plus que la matière, pour une infinité de riens qui échappent à une nomenclature et qu'il serait facile d'y comprendre en les classant d'après la donnée que j'ai indiquée et qui est presque infaillible dans ses résultats. Voilà notre supériorité réelle, incontestable et incontestée. Maintenant comment et pourquoi l'étend-on outre mesure, et cela sans faire une trop grande violence aux faits? Par un procédé bien simple. Dans la catégorie des articles où, pour l'étendue du travail et la douceur des prix, l'étranger nous domine, il y a toujours un point où le produit se raffine, et emprunte à l'art un relief plus grand, une tournure, un aspect particulier, qui sont le cachet de la main française et qu'elle apporte dans tout ce qu'elle fait. C'est à ce point de vue que l'on peut, sans trop abuser des mots, féliciter notre industrie du rang qu'elle occupe, et élargir presque indéfiniment le cercle de sa supériorité.

Il n'y a pourtant là qu'une illusion, et une illusion des plus dangereuses. C'est à l'aide de ces subtilités que depuis quarante ans nous vivons repliés sur nous-mêmes, renfermés dans un cercle d'opérations timides, et n'occupant pas sur les marchés du monde la place qui devrait appartenir à un État comme le nôtre et qu'avec la moindre hardiesse nous nous y serions assurée. Bien des causes concourent à cet égarement de l'opinion, et la moindre n'est pas cet appel fait à notre vanité par des hommes qui en abusent et dont elle sert les intérêts. Au besoin et à l'appui, les chiffres ne manquent pas; ils sont les serviteurs de toutes les causes. Rien de plus aisé que d'en faire ressortir d'une année à l'autre, et sur quelques articles choisis avec soin, le mouvement et la progression. Les petites ruses de la statistique viennent alors en aide aux éblouissements de l'amour-propre, et c'est ainsi que se perpétuent des malentendus si préjudiciables à la communauté.

Au lieu de ces demi-preuves, que ne consulte-t-on les grands témoignages et les grands résultats? Ils abondent, ils frappent les yeux des moins clair-voyants. Dans l'ensemble des exportations, quel est notre rôle, quel est celui des pays étrangers? On

peut vérifier; nous sommes à l'Angleterre comme
un est à trois, au reste de l'Europe comme un est
à deux. Pour le mouvement de la navigation, notre
situation n'est guère meilleure. Pendant que les
grandes marines du globe voyaient leur matériel
naval doubler et tripler, la nôtre est demeurée
presque stationnaire. Depuis 1830, les États-Unis ont
passé du chiffre de douze cent mille tonneaux à
celui de cinq millions, l'Angleterre a franchi celui
de quatre millions, nous n'avons pu atteindre
un million de tonneaux. Ici la question s'élève; la
marine n'est pas seulement un élément de richesse,
elle est aussi un élément de force. Naguère, quand
il s'est-agi d'envoyer dans la Baltique et dans la
mer Noire des escadres aux mâts desquelles flottait
notre pavillon, les réserves de notre personnel ont
été épuisées au point d'enlever à la pêche et à la
navigation lointaine presque tous les bras valides
qui les défrayaient. A peine est-il resté sur nos côtes,
et pour la manœuvre des bâtiments du commerce,
un petit nombre d'hommes échappés à ces levées, et
dont il a fallu payer les services à grand prix. N'est-
ce pas là un indice que, dans le cours d'une longue
paix, notre mouvement commercial n'a pas eu tout
le développement désirable et que le principal signe

d'une situation florissante, l'activité extérieure, est celui qui nous fait le plus défaut?

S'il en fallait d'autres preuves, on n'aurait que l'embarras du choix. A nos portes même, il est des marchés que la nature semble nous avoir réservés et qui, de temps immémorial, étaient le domaine exclusif de la France, par exemple ceux du Levant, de l'Italie et de l'Espagne. Nous les avons en partie perdus, et bientôt ils nous auront complétement échappé. Sur les marchés du Levant, c'est l'Autriche qui prend le pas; sur les marchés de l'Italie et de l'Espagne, c'est l'Angleterre. A quoi cela tient-il? Aux habitudes nonchalantes de notre industrie, et, il est affligeant de le dire, aux fraudes qui la déshonorent. Dans beaucoup de pays, nous faisons, sous ce rapport, une assez fâcheuse figure. Tandis que les marchandises anglaises sont acceptées les yeux fermés et sur la marque d'origine, les nôtres, si on ne les repousse pas absolument, sont l'objet de défiances profondes et d'un contrôle minutieux. Le mal, en plus d'un cas, a été si loin que du sein même des industries il s'est élevé des voix pour supplier le gouvernement d'exercer sur les produits expédiés au dehors une sorte de police, et de ne point permettre que le nom de la

France fût désormais compromis par des abus aussi criants.

. La main du gouvernement! C'est toujours là qu'en reviennent nos industries. S'agit-il de concurrence étrangère ou de fraudes professionnelles, l'État est mis en demeure d'agir ; on dirait que nos industries n'ont point de vie propre et renoncent à se protéger elles-mêmes. De tous les symptômes de faiblesse, il n'en est point de plus prononcé que celui-là. N'a-t-on pas vu le gouvernement, dans une occasion récente, se porter arbitre entre les consommateurs et les débitants, et, au lieu de proclamer la liberté des transactions, taxer la viande de boucherie? Ainsi en est-il dans toute la sphère des intérêts. On ne regarde comme bien faites dans notre pays que les choses où le gouvernement met du sien. On le réclame à la ronde comme tuteur, coadjuteur, associé, agent responsable; on attend de lui des subventions, des subsides, des garanties d'intérêt. Il tient tout dans sa main, les industries agricoles et manufacturières par les tarifs, les compagnies financières par le droit d'autorisation, les petites entreprises par les faveurs; il donne à son gré ou retire la richesse. De là, pour l'activité du pays, une position subordonnée qui l'empêche de porter tous ses fruits et d'atteindre tous ses développements. Dans le domaine du travail comme ailleurs, il n'y a point de dignité sans indépendance. C'est ce qu'a compris l'industrie anglaise : elle ne s'est livrée à personne, et a tenu par-dessus tout à disposer d'elle-même ; elle s'est rattachée à la liberté, sachant bien que la liberté a ses charges et ses abus, mais sachant aussi qu'elle donne à ceux qui s'y appuient sincèrement la force nécessaire pour supporter les unes et atténuer les autres.

Ainsi, en examinant les choses sans prévention, l'orgueil nous est moins permis qu'on ne le présume, et un peu plus de modestie ne nous messiérait pas. L'exposition de 1855 nous a montrés tels que nous sommes, les maîtres dans l'empire des travaux d'art et des produits raffinés, les souverains de la mode, les arbitres du goût ; elle ne nous a pas assigné une place équivalente dans la grande fabrication, celle qui dessert les besoins les plus universels. Et, comme pour rendre ce contraste plus sensible, des pays nouveaux dans l'industrie, tels que la Suisse et l'Autriche, ont fait en plus d'un genre un pas très-brillant et très-marqué. Quand, après un demi-siècle d'expérience, un régime économique donne des résultats pareils, on peut se demander si on ne fera rien pour en sortir. N'essayera-t-on pas de ces voies nouvelles où l'Angleterre est entrée depuis dix ans et où elle a trouvé une prospérité et une grandeur sans exemple? De l'autre côté du détroit, la liberté du commerce a fait des miracles; depuis qu'elle prévaut, tout a prospéré, rien n'a dépéri. Il en sera ainsi de toute expérience semblable faite avec suite et avec bonne foi. La liberté économique ne trahit que ceux qui doutent d'elle, en usent timidement, sans conscience et avec l'espoir de la prendre en défaut; elle reste fidèle à ceux qui la servent loyalement. C'est le pain des forts, et, à moins d'avouer leur infériorité, toutes les nations qui comptent dans le monde seront amenées avant peu à en adopter le principe et à en supporter les conséquences.

L'INDUSTRIE DE LA SOIE.

S'il est une industrie vraiment française, c'est
celle des soies et des soieries. A quelque époque
qu'on la prenne, avant comme après nos grandes
crises politiques et sous les régimes les plus divers,
au milieu des métamorphoses que la chimie et la
mécanique faisaient subir à toutes les fabrications,
toujours on la retrouve avec ce caractère national
qui la distingue et que rien n'a pu altérer. D'autres
industries ont pu marcher d'un pas timide, demander
à la loi du pays les moyens d'exister, se prévaloir
de leur faiblesse pour jouir des bénéfices d'un régime particulier, s'assurer des débouchés intérieurs
et ne pas prétendre à d'autres conquêtes, imposer à
la communauté des sacrifices dont le calcul dépas-
serait toute croyance et qui ne semblent pas près

de finir : l'industrie des soies et des soieries n'a eu aucune de ces prétentions et de ces défaillances. A peine introduite sur notre sol et dans nos ateliers, elle a fourni la preuve de sa force et ne s'est pas dé-mentie un seul jour. Non-seulement elle n'a point appelé la législation à son aide ni cherché dans le privilége une garantie et un appui, mais elle a franchi hardiment nos frontières et s'est ménagé, par son action propre, une place dans le monde en-tier. Quand d'autres fuyaient la lutte, l'industrie des soieries la cherchait, et, de l'aveu même de ses rivaux, l'avantage lui est resté partout où elle a été admise à combattre.

A quoi peut tenir un succès si avéré et si cons-tant? Tout effet de ce genre a une cause, et en matière d'industrie plus qu'ailleurs. La supériorité de l'An-gleterre pour la métallurgie s'explique par des con-ditions inhérentes au sol d'un pays où la houille et les minerais se touchent dans les plus beaux gîtes du monde, par le voisinage de ports de mer, par l'abondance des capitaux, par le nombre des canaux, des routes et des voies ferrées qui assurent le bon marché des transports, par la puissance d'une ex-ploitation poursuivie sur la plus grande échelle et avec la plus intelligente activité. La supériorité de l'Allemagne pour les lainages s'explique par la quantité de bétail qui couvre ses provinces, par la qualité et le mérite des toisons, par le bas prix de la main-d'œuvre, par des moteurs ou des procédés économiques. Ainsi des autres prééminences manufacturières. En les étudiant une à une, sans prévention ni esprit de système, on en trouverait l'origine dans des causes naturelles, dans des conditions locales dont la main de l'homme a su tirer parti et qui sont, pour les pays favorisés, une sorte d'apanage.

Mais, en ce qui concerne la soie, est-ce le cas? y a-t-il là une de ces supériorités créées et maintenues par la nature? était-ce à la France que cet empire devait revenir? D'abord le mûrier n'y est point originaire; il a fallu l'emprunter à l'Asie et en approprier la culture à un climat moins chaud. Le ver également s'y sent mal à l'aise et comme hors de son élément; il ne vit et ne travaille qu'au moyen de soins assidus, d'un régime ingénieux et d'une température artificielle. Livré à lui-même, négligé seulement, il ne rendrait pas les services qu'on attend de lui et serait à la merci de la première variation atmosphérique. Puis, la soie une fois produite, à quelles villes aurait dû échoir la tâche de la tisser? où traiter une matière si délicate et lui imprimer ces nuances si tendres qu'un souffle semblerait devoir les ternir? Certes, si les faits n'avaient pas répondu à ces questions, et de la manière la plus victorieuse, ce ne serait ni à Saint-Étienne ni à Lyon qu'on aurait, par conjecture, placé le siége de ce travail; les noms de ces cités enfumées ne se seraient pas présentés à l'esprit, et il eût été naturel d'imaginer pour l'industrie des soieries un ciel plus pur et moins chargé de vapeurs, des ateliers moins tristes et mieux pourvus de lumière.

Il faut donc reconnaître que, si le bassin du Rhône a été le berceau de l'industrie des soieries, il ne le doit ni à des causes naturelles ni à des circonstances locales, comme l'Allemagne pour les lainages et l'Angleterre pour la métallurgie. A quoi tient cette supériorité? Au génie humain seul et à une faculté particulière du génie français. Le goût, ce fruit du sol gaulois, le juste sentiment de l'art, qui, au milieu de quelques déviations, est resté l'attribut de notre race, ont dès l'origine animé cette fabrication et l'ont maintenue ensuite au-dessus de toutes les rivalités. Et qu'on ne s'y méprenne pas! cet art et ce goût, dont il est permis de s'enorgueillir, ne sont pas non plus un don local, circonscrit dans l'encéinte d'une ou deux villes ; c'est à la France entière qu'il appartient, c'est une propriété commune, où tous concourent et dont chacun jouit. On les retrouve ailleurs, cet art et ce goût, sous d'autres formes et avec d'autres éléments, en Alsace dans les toiles peintes, à Paris dans l'ébénisterie et les bronzes, sur d'autres points dans le travail varié des tissus et des métaux ; ils sont pour ainsi dire dans l'air et donnent le souffle à toute l'industrie française. Le fabricant lui-même n'est là qu'un agent et un serviteur du sentiment public, porté par la vogue quand il y obéit, délaissé quand il le méconnaît, astreint à des efforts constants et à des risques sans cesse renouvelés, ne pouvant s'arrêter dans sa marche sans être dépassé ni commettre d'erreurs sans les payer de sa fortune.

Voilà ce qu'est cette souveraineté du goût, la plus troublée et la plus mobile qui soit au monde. C'est à ce prix que l'industrie des soieries a vécu et grandi parmi nous ; c'est à ce prix qu'elle a gardé son rang et mis sa bannière hors d'atteinte. On a pu, en Allemagne et en Suisse, descendre plus bas pour le bon marché et réunir les éléments d'une fabrication plus économique ; on a pu, dans le royaume-uni, arriver au même but par le mélange des matières et l'emploi de mécanismes ingénieux : ce qu'on n'a trouvé nulle part, ce qu'on n'enlèvera ni à Lyon ni à la France, c'est cet esprit d'invention incessamment éveillé, cette imagination si active et si sûre d'elle-même, ce choix heureux de formes, cette variété de dessins, cet éclat et cette solidité de couleurs auxquels tous les marchés du globe payent un tribut si légitime et si bien justifié ; c'est surtout et avant tout la tradition, le nom consacré, la puissance acquise. De pareils avantages ne se perdent pas en un jour, même quand on s'en prévaut pour rester immobile. Et pour la cité lyonnaise ce n'est pas le cas ; elle travaille comme si elle n'était pas arrivée, comme si elle avait sa réputation et sa fortune à faire. Elle n'a point à compter avec l'étranger, soit ; mais elle doit compter avec la France, et cela suffit : elle trouve dans son sein même le plus sûr des aiguillons, cette divinité capricieuse que l'on nomme la mode, devant laquelle il faut s'incliner sous peine de châtiment. De là des métamorphoses, une ardeur de découvertes, un besoin de changement qui sont, pour l'industrie des soieries, la condition même de son existence, et, en l'obligeant à de perpétuelles évolutions sur elle-même, accroissent et assurent son empire au dehors.

I.

Pour retrouver les origines de l'industrie de la soie, il faudrait avoir des notions plus sûres que ne le sont les textes épars dans les ouvrages de l'antiquité. Longtemps sans doute le ver qui produit la soie demeura à l'état sauvage, sans que l'homme eût imaginé de le réduire à cette domesticité où il devait se rendre si utile. Il en était du ver à soie comme de ces chenilles dont parle Pline, dont les cocons, gros comme des œufs, se recueillaient dans les branches du cyprès, du térébinthe, du frêne et du chêne, et que les habitants de l'île de Cos dévidaient et filaient à leur usage. Aujourd'hui encore ces vers à soie sauvages se retrouvent en Chine sur une sorte de poivrier qui abonde dans la province de Canton. Ils muent quatre fois et restent sous leur enveloppe depuis le commencement de l'automne jusqu'au printemps. Leur soie est dure, mais solide, et les tissus qu'elle produit peuvent se laver comme du linge. Élevés en plein air, ces vers sauvages exigent moins de soins et entraînent à moins de frais que les vers du mûrier; mais, en raison de leur rusticité même, leur soie est moins brillante, moins fine, moins propre à des emplois recherchés.

Le véritable artisan de la soie, c'est le ver du mûrier, le ver domestique, et ici également la Chine, à
ce qu'il semble, a les honneurs et le mérite de la
priorité. Vingt-six siècles avant notre ère, on y cul-
tivait le mûrier ou l'arbre d'or, comme l'appellent
les récits des missionnaires; on y filait le coçon et
on y tissait la matière qui en provient. Cependant,
aux yeux du monde latin, cette origine ne fut pas
avérée; les distances et l'incertitude de la géogra-
phie étaient pour beaucoup dans la confusion des
idées à cet égard. Aussi ne faut-il pas s'étonner que
les auteurs, les poëtes surtout, aient fait de l'Inde
ou du pays des Sères la patrie de la soie et lui aient
donné un nom qui en dérive. De semblables mé-
prises sont communes, et ce n'est pas la seule que
les recherches modernes aient fourni l'occasion de
redresser. Pour la Grèce et pour Rome, l'Asie n'était
qu'une collection de hordes barbares vis-à-vis desquelles on ne se piquait ni de justice ni d'exactitude.
L'Asie pourtant était le siége d'industries florissantes
et qui dataient de loin; au lieu de la dédaigner, il
y aurait eu bien des emprunts à lui faire et beaucoup à apprendre d'elle.

Par la force des choses, la soie et les tissus de soie
arrivèrent d'Orient en Occident. La matière était si

riche, les vêtements étaient si beaux que, de proche
en proche, le goût et l'usage s'en répandirent. Les
procédés de fabrication suivirent la même route que
les produits. Après la Chine, ce fut l'Inde, puis la
Perse, qui y déploya un art savant, et resta longtemps sans rivale. Déjà ce n'était plus une industrie
au berceau ; le prestige des dessins, la science des
couleurs relevaient ces étoffes et les faisaient
rechercher du monde civilisé. Il y avait des manufacturiers en crédit; il y avait aussi des facteurs,
c'étaient les Phéniciens, dont les caravanes franchis-
saient l'Euphrate et le Tigre, et, après de laborieuses étapes, rapportaient sur le littoral de la Mé-
diterranée ce précieux et lucratif butin. Curieuse
histoire que celle-là, si des documents précis per-
mettaient de l'écrire! On y aurait une fois de plus
la preuve que rien n'est nouveau sous notre ciel,
et que là où nous croyons inventer nous ne sommes
que des copistes. Malheureusement les Persans et les
Phéniciens étaient des gens d'affaires, plus occupés
d'eux-mêmes que de la postérité, et n'ayant ni le
loisir ni le goût de mettre le public dans la confidence
de leurs opérations. Tout ce qu'on en peut dire, c'est
que, pendant plusieurs siècles, le trafic de ces étoffes
appartint à Sidon et à Tyr, et que le bénéfice le

plus net en resta, comme toujours, entre les mains des intermédiaires.

On sait quel coup violent porta à l'industrie et aux arts la chute des deux grandes civilisations païennes. Les tribus du nord de l'Europe, restées maîtresses du terrain, ne poussaient pas bien loin le raffinement en matière de costumes ; les dépouilles d'animaux leur étaient plus familières que la soie, et convenaient mieux à leurs corps robustes. Il y eut donc, aux jours de la décadence, soit par la ruine des vaincus, soit par la rudesse des vainqueurs, une sorte d'abandon de ces objets de luxe que l'Asie fournissait à l'Europe pour l'usage des consommateurs opulents. Le premier réveil de l'industrie et du commerce des soieries ne date que du sixième siècle, dans la belle époque de l'empire byzantin. Sous Justinien, deux moines grecs, arrivant des Indes, introduisirent à Constantinople, avec des œufs de vers à soie, l'art de les élever et d'en tisser les produits. Ce voyage, s'il faut en croire la chronique, ne s'accomplit ni sans précautions ni sans difficultés : l'Asie défendait son secret, et pour dérober aux regards une proie si enviée il fallut la cacher dans des bambous creux et la nourrir en chemin. Est-ce là un fait authentique ou un roman?

Quoi qu'il en soit, ce fut dès lors une conquête assurée, dont le génie européen ne devait plus se dessaisir et qu'il allait pousser jusqu'aux limites où nous la voyons parvenue. Déjà Byzance, à peine à l'œuvre, éclipsait la Perse par la beauté de ses étoffes. On les recherchait, on y mettait de hauts prix, cinq ou six écus d'or pour les couleurs communes, vingt ou vingt-cinq écus d'or pour les couleurs fines, et c'est de là sans doute que nous sont venus ces riches ornements d'église, ces chasubles, ces étoles dont les formes et les dispositions ont franchi les siècles sans changements notables et fixées par la tradition.

Pendant les âges suivants, le mouvement de propagation se continue d'une manière lente et presque imperceptible. L'Europe occidentale n'est pas encore mûre pour y céder; sa chevalerie est bardée de fer, et met plutôt son luxe dans les cottes de mailles que dans ces tissus délicats et légers. La cour d'un souverain, c'est un champ de bataille, où l'armet sied mieux que la toque de velours. Si l'industrie nouvelle gagne du terrain, c'est plutôt en pays levantin, parmi des populations moins militantes et plus efféminées; dans l'Anatolie d'abord, où les soies de Brousse se signalèrent par des qua-

lités qui sont restées les mêmes jusqu'à nous; ensuite dans les montagnes du Liban, dont Beyrouth
devint le port et le marché; puis en Chypre et
dans les Cyclades; de là à Athènes, à Corinthe et
dans la Morée; enfin en Sicile et dans le nord de
l'Italie, qui devait devenir le siége d'un travail si
florissant et si suivi. Au milieu de ces mouvements,
deux circonstances sont à noter : la première, c'est
que la Sicile dut cette richesse à un prince normand,
Roger, petit-fils de Tancrède, qui, vainqueur en
Grèce, la rapporta dans ses États comme un butin
de prix; la seconde, c'est que les Arabes, une fois
maîtres de l'Espagne, en dotèrent les provinces
assujetties, tant il est vrai que la guerre, dans ces
temps confus, était le meilleur et le plus prompt
instrument pour la diffusion des lumières et des
arts.

Ce fut à la guerre aussi que la France dut le goût
de ce luxe, dont jusque-là elle s'était défendue. Nos
barons, si rudes qu'ils fussent, n'avaient pu voir
sans en être frappés ces merveilles de l'Orient, où
les avait entraînés l'élan des croisades, et ce spectacle d'une existence pleine de raffinements in-
connus. De retour dans leurs manoirs, ils parlèrent
de ces industries lointaines, dont ils montraient des

échantillons, et qui semblaient dépasser ce que l'on peut attendre des mains de l'homme. Quelques-uns firent plus encore, s'il faut ajouter foi à une tradition qui s'est transmise dans les campagnes du Dauphiné : ils rappportèrent des plants du mûrier noir, le premier qui ait servi en France à l'éducation des vers, et aujourd'hui même on voit près d'Alton un de ces arbres qui passe pour le doyen de l'espèce et remonte à cette date éloignée. Il faut ajouter que l'aspect de ce vénérable tronc ne dément pas les récits qu'on en fait. Entouré d'un mur qui en protége le pied, il se divise en trois énormes branches dont les extrémités se couvrent encore de feuilles et de fruits. Ce monument n'est pas d'ailleurs le seul, et dans les vallées de l'Ardèche et du Gard, comme aussi dans les plaines dé la Touraine, entre l'Indre et le Cher, d'autres vieux mûriers, qui rappellent une époque moins ancienne, se nomment des Sully en l'honneur de leur parrain et comme témoignage de leur millésime.

Tout n'est pas juste pourtant dans cet hommage rendu au ministre du premier Bourbon, et l'histoire n'est pas ici en complet accord avec la voix populaire. Avant lui, plusieurs de nos rois avaient essayé d'introduire en France la culture du mûrier et la fabrication de la soie. Sous Charles VIII il y eut des plantations faites en Provence ; sous Louis XI et Louis XII il y en eut d'autres aux environs de Tours et dans le comtat venaissin ; enfin, sous Charles IX, un simple jardinier de Nîmes, Traucat, multiplia les expériences et leur donna un caractère vraiment industriel. Non-seulement il couvrit le sol de vergers de mûriers et y déploya les soins les mieux entendus, mais il publia sur cette culture un écrit remarquable, où il en faisait valoir les avantages et en conseillait la propagation. D'un autre côté, la fabrication des soieries suivait une marche parallèle. Déjà les principaux foyers existaient et tendaient à s'accroître : dans le Midi, Avignon et Nîmes, qui s'efforçaient d'imiter Florence ; plus au nord, Lyon et Tours, qui avaient leur genre et leurs procédés et dont les étoffes, les rubans et la passementerie trouvaient un débit assuré en France et au dehors. On peut même dire que le produit manufacturé y allait d'un pas plus ferme que la matière première, et de nombreux monuments des sixième et quinzième siècles, actes royaux ou municipaux, témoignent que l'activité de nos regnicoles s'était déjà portée de ce côté avec plus ou moins de fruit et des résultats plus ou moins heureux.

Sully lui-même, à qui on a trop fait les honneurs de l'initiative, n'y apporta pas, au début du moins, de grands encouragements, et y eut la main forcée pour ainsi dire. Il faut lire, dans ses *Économies royales*, un curieux passage où il raconte l'entretien qu'il eut à ce sujet avec Henri IV et le débat qui s'engagea entre eux. Le roi et le ministre y apportaient des dispositions diamétralement opposées. Le ministre, homme tout d'une pièce, n'aimait le luxe ni pour lui ni pour les autres; il y voyait moins la richesse que l'énervement d'un État; il préférait, suivant ses propres expressions, « de vaillants et laborieux soldats à tous ces petits marjolets de cour et de ville, revêtus d'or et de pourpre; » en un mot, il n'entendait pas favoriser ces *babioles*, comme il les appelait dédaigneusement. Le roi, au contraire, ne croyait pas qu'un pays comme la France dût être mis au régime de Sparte ni sevré des jouissances qu'amène la marche des civilisations. Il avait lu, dans Olivier de Serres, que la soie pouvait devenir un élément de profits pour l'agriculture au moyen de vers « qui la vomissent toute filée, » et il ne voulait pas que son royaume restât, sous ce rapport, en arrière des petits États italiens, qui en recueillaient de grands bénéfices. La discussion fut

vive, et, suivant son habitude, Sully défendit le
terrain pied à pied. Il dit que cette industrie n'était
naturelle ni à notre sol ni à notre climat et qu'il
n'y avait que des échecs à en attendre : à quoi le
roi répondit, avec l'autorité de l'agronome dont il
s'appuyait, qu'on en avait dit autant de la vigne,
et que la vigne avait réussi, que le mûrier et le ver
à soie étaient inséparables, et que là où le mûrier
portait de la feuille le ver devait venir à bien.
Bref, Sully fut battu, et quand Henri IV quitta
l'Arsenal, où l'entrevue avait eu lieu, les destinées
de la soie étaient fixées; on allait donner carte
blanche à Olivier de Serres et mettre cette culture
naissante sous la protection et la tutelle de l'État.

En effet, le roi forma une sorte de conseil de
commerce et rendit des lettres patentes pour établir
dans tout le royaume, ce sont ses termes exprès, le
plant du mûrier et l'art de faire la soie; il écrivit
de sa main aux syndics de Genève pour leur demander des hommes versés dans la partie, et
ayant obtenu du duc de Savoie, après la campagne
de 1600, un certain nombre de plants de mûrier
blanc, il chargea Olivier de Serres de les recevoir
et de leur donner une destination. Celui-ci y mit
une telle diligence que dès les premiers mois de

l'année d'après quinze ou vingt mille de ces arbres garnissaient le jardin des Tuileries et y faisaient sans doute une meilleure figure que les pommes de terre de la Convention. C'était, comme il le dit lui-même dans son *Théâtre de l'Agriculture*, l'introduction de la soie au cœur de la France. Désormais cette industrie n'avait plus rien à attendre que d'elle-même. Il ne dépend ni d'un souverain ni d'un ministre de communiquer la vie à ce qui n'est pas viable, et Olivier de Serres, tout habile qu'il fût, cédait à une illusion quand il donnait au mûrier une hospitalité aussi précaire que celle des jardins du roi et des bords de la Seine. Heureusement l'activité particulière allait s'emparer du nouvel instrument qui lui était offert, choisir un meilleur terrain et obtenir des résultats qu'aucune faveur ne lui eût assurés s'ils n'avaient été dans la nature des choses. Pour mieux apprécier ces résultats, avant de suivre l'industrie de la soie dans ses développements et de dire quelle figure elle fait à l'exposition de 1855, il faut maintenant expliquer en quelques mots ce qu'elle est et quels en sont les agents et les procédés.

Quand les œufs du ver à soie ont été préparés et lavés, puis séchés avec soin, et que le moment con-

venable est arrivé, on les dépose dans les locaux
où ils doivent éclore. Naguère ce n'étaient que des
chambres assez mal chauffées et encore plus mal
tenues, dont le régime variait suivant les lieux ou
les éleveurs, sans qu'il y eût de donnée fixe ni de
méthode dominante. Chez quelques cultivateurs, la
chenille était un commensal, vivant dans la pièce
commune, profitant de la chaleur du foyer et grim-
pant le long des murs aux bruyères disposées sur le
manteau de l'âtre. Aujourd'hui il n'en est plus
ainsi; l'éducation du ver à soie est un art qui a ses
règles et où tout est prévu, depuis l'éclosion
jusqu'aux dernières métamorphoses. Au lieu de
chambres, on a de vastes établissements, qu'on appelle *magnaneries*, d'un nom emprunté au Midi, et le
ver lui-même est un *magnan*. Là tout est soumis à
des lois fixes, la qualité de l'air, le degré de température, la ventilation, le choix et la quantité des
aliments, les mesures d'hygiène, l'espace assigné
pendant les diverses mues, les dimensions des claies
sur lesquelles on dispose les vers, et les distances
qui doivent exister entre les claies. Jamais troupeau
ne fut l'objet de soins plus attentifs, et pour aucun
ces soins ne sont plus nécessaires. Le ver à soie est
d'une complexion délicate; un rien l'affecte, l'état

orageux de l'atmosphère, le bruit, les vapeurs d'une usine, l'humidité de la feuille ; il y a chez lui des maladies connues, comme la muscardine, d'autres qui le sont moins et qui mettent la science et l'observation en défaut ; telle est cette épidémie récente et encore mal appréciée qui provient, dit-on, de la dégénération des œufs. A force de se reproduire sans croisement, l'espèce serait menacée, et déjà les faits sont assez graves pour que les éleveurs aient pris l'alarme. Le monde savant s'en est ému, les empiriques s'en sont mêlés; il y a eu, comme toujours, des avis et des prescriptions contradictoires. Jusqu'ici tout s'est borné là; point de procédé efficace, point de remède sûr, et le mal s'accroît visiblement. On dit pourtant qu'une femme, dont les produits tiennent un rang distingué à l'exposition, a trouvé les moyens de le conjurer, et que sa découverte est sous les yeux de la Société d'encouragement. Il faut dès lors espérer et attendre : la soie échappera peut-être au fléau qui frappe certains produits de la terre, comme la pomme de terre et le vin.

Le ver qui produit la meilleure qualité de soie est celui qui n'a que trois mues et qui est nourri avec le mûrier blanc et le mûrier de Chine dans toutes ses variétés ; encore le mûrier des plaines, venu sur des terres fortes et grasses, est-il inférieur comme aliment au mûrier des plateaux, qui croît dans un sol sec et léger. C'est là ce qui donne aux soies des Cévennes une supériorité incontestable et leur assure la préférence, même à des prix plus élevés. Il est telle marque, comme celle de M. Louis Blanchon, qui garde toujours de six à sept francs d'avance sur celles de ses concurrents, et qui doit cet avantage moins à des procédés de fabrication, où il est possible d'égaler ce producteur, qu'à des conditions locales et à un privilége de position. Une nourriture plus substantielle peut fournir des soies plus abondantes, comme cela se voit dans la Calabre, en Espagne et dans le Levant; mais l'abondance ne s'obtient qu'au détriment de la finesse. On a alors des fils chargés d'huile et d'une substance gommeuse qui exigent une préparation particulière, un *décreusage*, pour employer un terme de l'art. Au contraire, une feuille légère et moins riche en sucs, moins dure également, fournit une soie qui, sans manquer de force, a plus de souplesse, plus d'éclat et plus de pureté. Il faut, pour qu'une feuille ait les qualités nécessaires à une bonne éducation, qu'elle renferme, dans une proportion déterminée, la matière sucrée destinée à l'entretien du ver et la matière résineuse qui sert à la formation de la soie.

Rien n'est plus attrayant que l'aspect des campagnes au moment de l'année où commence et s'achève le travail du magnan. Il y règne une activité, une ardeur dont aucune autre branche de l'art agricole ne saurait donner l'idée. Six semaines seulement séparent l'éclosion du ver de la récolte des cocons ; mais comme elles sont bien remplies, les dernières surtout ! Vers la mi-avril, la besogne commence ; elle cesse vers la fin de juin. Dans cet intervalle, la population rurale est sur pied ; point de limites fixes pour les journées ; à peine songe-t-on au sommeil et au repos. On dîne debout, presque toujours avec des vivres froids ; les femmes sont trop occupées du magnan pour veiller à leur cuisine. L'essentiel, c'est que le ver ne souffre pas, qu'il soit délité après ses mues, qu'il ait des aliments frais quatre fois par jour, qu'il trouve, au moment venu, des portiques de bruyère où il puisse tisser sa dernière enveloppe. A ces diverses opérations tous les bras du ménage, forts ou faibles, peuvent concourir et trouver un emploi largement rétribué. Les garçons aident à cueillir les feuilles, les jeunes filles secondent leurs mères dans les soins de l'atelier. On dirait que le pays tout entier ne vit et ne respire que pour le ver à soie ; c'est une véritable fièvre, dont les citadins eux-mêmes ne sont pas affranchis. Un homme qui fait autorité dans ces matières (1) a pu constater à quel point les fonctions de la vie civile en sont affectées et comme suspendues. Pendant la durée de ce travail les autres travaux cessent ; on ne vend plus, on n'achète plus, on ne passe point d'actes, on ajourne ce qui peut être ajourné. Aussi tout chôme, marchands, notaires, avocats, tout, jusqu'aux médecins et aux pharmaciens ; la population n'a pas le temps d'être malade. :

Cette activité n'est pas le seul élément nécessaire au succès ; il importe encore qu'elle soit accompagnée de l'intelligence. — Pour d'autres labeurs ruraux, l'acte matériel est presque tout ; ici sa part est la moindre. — Non-seulement il faut nourrir le ver, mais il faut l'étudier, le suivre, voir comment il se comporte, deviner quand il souffre, connaître les phases régulières de sa vie, en combattre les accidents ; c'est là plus qu'une besogne, c'est un art, presque une science, et l'éducateur, dans son humble

(1) M. de Lafarelle, ancien député du Gard et membre correspondant de l'Institut.

sphère, doit en posséder les rudiments. Il faut qu'il ait sous la main sa provision de feuilles et qu'il la double en cas d'orage ; il faut qu'il ait l'œil fixé sur le thermomètre, afin d'élever ou d'abaisser la température au degré voulu, qu'il sache quand le ver va entrer en mue, afin de lui supprimer la nourriture, et, quand il se dispose à en sortir, qu'il soit prêt à la lui rendre avec abondance ; il faut qu'il saisisse le moment précis où la bruyère doit être dressée et qu'elle ne le soit ni trop tôt ni trop tard, sous peine de mécomptes dans le produit ; il faut aussi qu'aux premiers symptômes des maladies si communes chez le magnan il ait recours aux remèdes consacrés par l'expérience et guérisse le mal, s'il n'a pu le prévenir. Il faut qu'il aille plus loin encore si l'état de ses élèves empire, et, s'il désespère de la cure, qu'il renonce à temps à une éducation qui doit avorter et serait pour lui une ruine gratuite et sans compensation : opérations délicates, variées, qui exigent autant d'adresse que de sang-froid et exercent les facultés de l'esprit au moins autant que les forces du corps.

Aussi les classes vouées à la production du cocon sont-elles en général robustes, intelligentes et morales. Ce travail a en lui-même quelque chose d'é-

levé et de sain qui doit agir sur les habitudes et
former les caractères; il ouvre les idées et tient l'observation en éveil; il inspire l'ordre et la patience.
Ajoutons que c'est un travail convenablement rétribué, et qui éloigne la misère des provinces où
il fleurit. La matière est riche et peut payer les soins
de ceux qui la produisent, elle est en outre un privilége pour quelques localités et échappe ainsi à une
concurrence trop étendue. De là plus d'un avantage attaché à cette exploitation et un bien-être réel
dont elle est la source et l'origine. Peu de populations rurales sont sous ce rapport plus favorisées
que celle qui cultive le mûrier et élève le magnan.
Le salaire du journalier de dernier ordre, celui qui
soigne l'arbre, le plante, le greffe, le fossoie, le
fume, le taille et en détache la feuille ne descend jamais au-dessous de 1 fr. 50 c. et 1 fr. 40 c.
pendant l'hiver ; il s'élève à 1 fr. 75 c. et 2 fr. pendant l'été. A de certaines époques même, et quand il
s'agit d'ouvrages pressés, la tâche remplace le salaire
à la journée, et l'on voit alors le prix de la journée
monter, suivant les cas et l'urgence, à 2 fr. 50 c., 3 fr.
et jusqu'à 3 fr. 50 c. Ce n'est pas tout : à ces salaires,
qui sont ceux des hommes, il faut joindre ceux que
les femmes et les enfants obtiennent dans les ate-

liers de dévidage, et qui ne sont pas inférieurs à 1 fr. 50 c. par jour quand elles sont fileuses en titre, et à 1 fr. 25 c. pendant l'apprentissage, qui ne dure que deux ou trois ans. Tout compte fait et d'après des évaluations très-exactes, on arrive à une recette de 800 fr. environ pour un ménage composé du père, de la mère et de deux enfants adultes. C'est, comme on le voit, une moyenne de beaucoup supérieure à la moyenne générale de nos populations agricoles, et il serait à souhaiter que toutes arrivassent au même niveau.

La vie domestique se ressent de cette aisance. Les classes vouées à la culture du mûrier ne vivent ni de châtaignes, ni de seigle, ni de maïs, ni d'autres grains d'un ordre inférieur; elles consomment un pain substantiel fait de blés de première qualité, comme la tuzelle et le froment, d'excellents lé- gumes, de bons fruits, un peu de viande de bouche- rie et surtout la viande des porcs qu'elles élèvent et nourrissent à peu de frais. Leur boisson est le vin, moins dans le ménage que hors du ménage — et dans les débits publics où les hommes se réunis- sent après le travail. Quant aux vêtements, ils sont propres et solides; les haillons sont rares, c'est la livrée de l'inconduite. Chez les jeunes filles, le

goût de la parure est très-prononcé ; elles y consa-
crent la portion des salaires qui ne reste pas dans
la maison ; une fois mariées, elles y mettent plus de
réserve. L'aspect des logements répond à ces habitudes de bien-être : — point de chaume, point
de murs en pisé, point de lézardes, point de châssis vermoulus et qui donnent accès à tous les vents,
mais de vraies maisons recouvertes en tuiles, bâties
à chaux et à sable, avec des portes bien closes, des
volets bien ajustés et des fenêtres garnies de vitres.
Quelques-unes n'ont qu'un étage : ce sont celles des
pauvres gens ; beaucoup en ont deux, trois même,
et alors le rez-de-chaussée est affecté au bétail et
aux animaux de culture, le premier à la famille,
la partie supérieure aux granges et surtout aux magnaneries. Ainsi rien ne manque aux conditions
matérielles de la vie, et c'est à la soie que ce monde
industriel et agricole est redevable de ces bienfaits.
Naturellement, l'état moral et intellectuel des pays
à mûriers se ressent de cette aisance : sous ce rapport, rien qui ne soit de nature à satisfaire. Les
écoles sont très-fréquentées, surtout pendant la
mauvaise saison, et l'instruction est fort répandue.
Il y a même des départements, comme le Gard, où
la jeunesse peut jouir des avantages d'un enseigne-

ment professionnel, créé et maintenu par le gouvernement. La ferme de Mas-le-Comte reçoit chaque année trente-trois élèves, qui, en dehors des notions générales d'agriculture, y suivent un cours spécial, qui comprend toutes les branches de la production de la soie et les complète par une application sur les lieux même. Ces places sont très-recherchées, et déjà des sujets distingués sont sortis de l'école, dont la fondation est récente. Avec le temps, cette institution fera plus encore. La population environnante y fournit un bon élément; elle a l'esprit ouvert, l'intelligence prompte; elle est préparée à cette étude par les premières impressions; elle en a le goût et l'instinct. C'est d'ailleurs un enseignement professionnel dans toute la rigueur du mot; tous les élèves ont la bêche ou la serpe à la main, choisissent les cocons, délitent les vers, appareillent les papillons, apprennent comment les œufs se traitent et se conservent, font en un mot œuvre de cultivateurs et d'éducateurs dans toute la sphère des opérations usuelles.

" Dans les pays à soie comme dans tous les pays de culture, le désir de la propriété est une passion dominante. Si les campagnards ne fréquentent pas plus qu'ils ne le font ces cafés et ces cercles qui, dans le Midi, remplacent le cabaret, s'ils fuient les occasions de dépenses et veillent sur eux-mêmes avec une certaine rigueur, c'est dans l'espoir de devenir propriétaires, d'avoir un morceau de champ, puis de l'agrandir, s'ils le peuvent. Rien de mieux ; mais, comme toute passion, celle-ci a ses écueils. Presque toujours, dans un achat, l'acquéreur excède ses moyens et va au delà de ses forces. Que s'ensuit-il ? On le devine assez. Ne pouvant payer, il emprunte, et dès lors il est livré à toutes les gênes et à toutes les servitudes de l'hypothèque, servitudes physiques, servitudes morales, et ces dernières ne sont pas les moins pénibles à supporter. S'il évite la ruine et l'expropriation, ce n'est qu'au prix de sacrifices qui s'aggravent par leur durée et d'un vasselage qui enchaîne jusqu'à la conscience. Ainsi s'explique le succès qu'ont eu parmi des populations en apparence si favorisées ces doctrines d'une date récente, qui toutes avaient pour objet un partage agraire et une spoliation plus ou moins avouée. Les malheureux abusés n'y voyaient qu'une chose, un moyen expéditif d'acquitter leurs dettes et d'arriver à une liquidation sommaire au préjudice de leurs créanciers.

Telle est la population qui habite les grands

foyers de la production de la soie, c'est-à-dire les vallons des Cévennes, le comtat venaissin et le Dauphiné. Ailleurs la culture du mûrier est un détail insignifiant dans l'ensemble des exploitations ; pour ces provinces, c'est un point capital et une véritable richesse. — Nous voici maintenant arrivés au moment où l'agriculture va se dessaisir et livrer le produit à l'industrie, chargée de lui donner une nouvelle forme et de le faire passer par les diverses phases de la filature et de l'ouvraison. Quelques mots là-dessus.

Quand le cocon est à point, la première opération qu'il ait à subir est le triage. Il faut séparer les bons cocons des mauvais, ceux dont le ver est mort et ceux qui, formés de deux vers réunis, ne donneront qu'une soie grossière, enfin les cocons satinés de ceux qui ne le sont pas ; après quoi on les étouffe au moyen de la vapeur et on les jette dans une bassine pleine d'eau bouillante. Là, à l'aide d'une petite agitation produite dans l'eau, les bouts se détachent et s'accrochent d'eux-mêmes aux brins d'un bouleau qui y est plongé. Quand ces bouts sont réunis au nombre de quatre à quinze, on les porte sur l'asple du tour, et la filature commence.

Il y a trente ans à peine, cette filature pouvait encore passer pour une annexe du travail agricole, un complément de l'éducation du ver et de la production du cocon. Lorsque les cocons avaient été détachés de la bruyère et qu'on les avait passés au four pour en étouffer les chrysalides, un atelier domestique s'en emparait : c'était ou un hangar ou une tente contiguë à la demeure de l'éleveur et pourvue du plus simple des outillages, — la bassine, un fourneau chauffé au charbon et une petite roue pour recevoir le brin de soie et le former en écheveau. Voilà ce qu'était le métier à filer ou le *tour*, pour employer le mot consacré. Le nombre des tours s'élevait en raison du nombre des cocons à dévider; chaque maison en avait un, deux, trois jusqu'à cinq, rarement plus. Les femmes et les filles de l'éleveur suffisaient à la besogne; une première ouvrière, la *fileuse*, détachait le brin; une seconde ouvrière, la *tourneuse*, imprimait le mouvement à la roue. Ce travail de famille durait de un à trois mois suivant l'importance de la récolte; puis l'appareil chômait jusqu'à l'année suivante, et l'éleveur allait vendre son ballot de soie sur le marché le plus voisin, ou le dirigeait sur un atelier de moulinage. Tel était l'ancien procédé, et à peine y dérogeait-on dans

quelques établissements montés sur une plus grande
échelle. C'était alors une réunion de dix à cin-
quante tours, conduits avec plus de soin, quoique
par les mêmes procédés et produisant une soie plus
fine. Ces ateliers formaient pour ainsi dire la tran-
sition entre l'agriculture et l'industrie. Ils n'appar-
tenaient pas à des cultivateurs, mais à des filateurs,
travaillaient la soie d'autrui, et restaient en activité pendant cinq mois, depuis le commencement
de l'été jusqu'aux approches de l'hiver : ils tendaient à suppléer l'atelier champêtre, et procédaient
dans cette voie par des empiétements lents et suc-
cessifs ; mais ce n'était là que le présage et le pré-
lude d'une révolution plus complète.

Cette révolution arriva avec toutes celles que la
vapeur allait apporter dans le monde manufacturier. La soie fut entraînée, comme la laine, comme
le coton, comme toutes les matières textiles, dans
le courant des découvertes nouvelles. La première
application qui s'en fit eut pour objet l'eau de la
bassine, que la vapeur chauffa d'une manière plus
égale, moins coûteuse et surtout moins préjudi-
ciable au lustre de la soie. Plus tard, l'emploi des
moteurs à feu vint suppléer les bras de l'homme,
et là où ceux-ci furent encore employés on en se-

conda l'action par de puissants mécanismes. Dès lors la métamorphose fut complète et s'étendit à tous les pays à soie, à ceux du moins qui méritent de compter dans cette branche de la production française. On vit s'élever ces vastes usines où la vapeur met en mouvement plusieurs centaines de bassines et autant de dévidoirs, et dans lesquelles on apporte presque tous les cocons de la contrée environnante. A peine resta-t-il debout, comme les débris du passé, quelques ateliers domestiques, réduits à fabriquer les soies les plus communes, vivant d'une vie précaire et se débattant sous l'étreinte de leurs redoutables concurrents.

Dans le cours de cette révolution, deux circonstances sont à noter. La première, c'est qu'elle s'accomplit sans secousse et sans souffrance matérielle. A l'origine, ce fut un long cri d'alarme dans les pays à soie. Qu'allaient devenir ces agents humains que des agents naturels allaient remplacer? qu'allaient devenir ces cultivateurs auxquels la production du cocon donnait du pain et assurait une certaine aisance? Les faits ont répondu péremptoirement et de la manière la plus rassurante. L'emploi de la vapeur, au lieu de supprimer le travail de l'homme, l'a augmenté en le modifiant. On occupe aujourd'hui plus de bras dans ces vastes usines qu'on n'en occupait dans les mille petits ateliers d'autrefois. Seulement la besogne a changé de nature : les femmes et les jeunes filles, qui tournaient la roue, ont passé à la filature ; elles ont monté en grade, et la hausse du salaire a été la conséquence de cet avancement : au lieu de 1 franc, elles gagnent aujourd'hui 1 franc 50 centimes. De leur côté, les éleveurs avaient d'autres craintes. Ces grands établissements ne leur feraient-ils pas la loi ? Comment lutter, eux si chétifs et si à court d'argent, contre des maisons armées de capitaux considérables et qui abuseraient de leurs besoins ? Évidemment il en faudrait passer par les conditions que ces potentats de l'industrie allaient leur dicter. Fausses terreurs, appréhensions chimériques ! Il s'est trouvé qu'en fin de compte les véritables maîtres du marché ont été plutôt les éleveurs que les filateurs. Pour les uns il y avait, il est vrai, nécessité de vendre, mais pour les autres il y avait nécessité d'acheter. Puis la concurrence s'en est mêlée et a renversé les rôles, si bien qu'aujourd'hui il n'y a, au bout de cette crise tant redoutée, qu'un travail plus suivi et de plus beaux bénéfices.

La seconde circonstance se rattache à des questions d'ordre moral. Quelle influence cette transformation allait-elle exercer sur les populations des campagnes? N'y avait-il point de fàcheuses perspectives au bout de cette modification du travail? C'était encore une victime offerte à l'idole du jour, l'industrie; la soie allait lui être livrée, et avec la soie les populations qui en vivent. Dès lors plus de ces métiers de famille où la fille restait sous les yeux de la mère, la jeune femme sous les yeux du mari; plus de veillées laborieuses, égayées par des récits ou animées par des chants; plus de bons exemples, plus de sages avis, plus de surveillance, et partant plus de garanties pour la conduite. Les grandes usines allaient absorber ce personnel, hommes et femmes, employer les corps sans souci des âmes, devenir le siége de tous les vices et de tous les déréglements, — l'ivrognerie pour les uns, la débauche pour les autres, le scandale sous diverses formes, — et on allait voir se multiplier de telles occasions de chute que peu y résisteraient. Adieu les principes, adieu la pudeur, adieu tout ce qui fait l'honneur et la parure de la vie! D'un tel pêle-mêle il n'y avait rien à attendre de bon; c'étaient autant d'écoles de pervertissement. — Tels étaient les pronostics. Grâce au ciel, ils ont été démentis. Les choses ont fini par se régler dans ces vastes ateliers comme elles se réglaient dans l'atelier domestique. La fille y travaille près de la mère; les sexes y sont confondus le moins possible. A défaut d'un autre sentiment, les entrepreneurs ont écouté leur intérêt en maintenant dans l'enceinte de l'usine des habitudes d'ordre, de décence et de régularité. Plusieurs d'entre eux ont même attaché des sœurs à leurs établissements, pour y exercer une sorte de police et maintenir l'empire du sentiment religieux. Dans quelques usines, ce sont les dames de la maison qui se chargent de ce soin, et veillent sur les ateliers avec une touchante sollicitude. Partout il y a eu émulation, bonne volonté, sacrifices d'argent au besoin pour que cette révolution restât inoffensive et n'agît pas dans un sens funeste sur les habitudes et sur les mœurs.

En revanche, les avantages attachés à une exploitation sur une grande échelle sont devenus sensibles dès le début, et depuis lors n'ont fait que s'accroître. Dans les ateliers de campagne le progrès était lent et restreint; la routine régnait en souveraine; aux plus hardis les avances manquaient pour les essais. Dans les grands ateliers rien de pareil; c'est à qui l'emportera par des innovations heureuses, et les capitaux abondent, même quand il s'agir de livrer quelque chose au hasard. De là bien des découvertes qui ont marqué dans l'industrie des soies et corrigé les défectuosités de la matière. L'insecte en effet ne livre pas son produit dans les conditions qu'exige l'emploi industriel de la soie. Le fil, tel qu'il le pelotonne, est trop fin et a une longueur trop variable pour être mis en usage sans de grandes modifications. Il faut développer et rassembler les brins élémentaires, faire disparaître le vrillement et les ondulations, éviter dans le rattachage les boucles et les bouchons, qui diminueraient la netteté de la trame et en altéreraient le brillant. C'est tout un art, et un art des plus délicats ; les machines et la main de l'homme en sont les instruments. Déjà on a renoncé, dans quelques ateliers, à la cuisson dans l'eau bouillante et à la recherche du *bout*, pratiquées de temps immémorial ; l'eau bouillante a été remplacée par la vapeur agissant sur les cocons exposés dans le vide ; au balai on a substitué un sac en filet contenant les cocons à préparer. Convenablement traités, les bouts s'y rattachent d'eux-mêmes, de telle façon que l'ouvrière n'ait plus qu'à les réunir et à les éclaircir. Il semble aussi qu'on soit sur la voie d'une découverte plus importante,

celle d'un filage direct sur bobines, qui supprime-
rait le filage sur l'asple en écheveaux, sujet à des
déchets et entraînant une double main-d'œuvre.
Telle est la loi de la grande industrie : rien n'est
fait pour elle tant qu'il y a quelque chose à faire;
toujours en quête, toujours en éveil, elle a en elle-
même les conditions de son mouvement et le germe
de ses progrès.

Tout n'est pas achevé pour la soie lorsque les
brins élémentaires du cocon ont été dévidés, accolés
et croisés les uns sur les autres. On a alors des soies
gréges dans leurs variétés, les unes fermes, les
autres fines, composées de plus ou moins de brins
et d'un mérite plus ou moins grand, mais toutes
impropres, dans l'état où elles se trouvent, au tissage
industriel. Il faut, pour les y approprier, les soumettre à de nouvelles opérations, et c'est ainsi qu'a-
près la filature commence l'*ouvraison* ou *moulinage*.
Le moulinage consiste à réunir plusieurs fils de soie
grége en un seul fil plus fort, plus uni et plus continu; ce qui les distingue, c'est le nombre de tors
donnés à la soie, et quand ils ont subi cette préparation ils changent de nom et deviennent des *organsins*. Des règlements fixent la valeur et les titres des
soies suivant les degrés de l'ouvraison et la quantité

de tours que les fils ont subis. Là-dessus, chaque pays producteur a ses procédés et ses méthodes adaptés aux fabrications locales et modifiés en raison de la destination du produit. Telle ouvraison conviendra au satin, telle autre à la peluche, telle autre à la bonneterie et à la passementerie; la trame double d'Annonay à la fabrication des blondes, le poil d'Alais à la rubannerie, la grenadine aux effilés, le fleuret aux galons, la fantaisie aux châles de Lyon, et ainsi des autres. En France, le siége principal de cette industrie est dans le Vivarais, où de nombreuses chutes d'eau offrent des moteurs naturels, et qui, placé à égale distance du Midi et de Lyon, semble être l'intermédiaire naturel entre la filature et le tissage, entre la matière première et le produit manufacturé.

De toutes les ouvraisons, aucune ne vaut celle de nos ateliers, et des faits récents en sont venus fournir la preuve. Le prix des soies indigènes s'était naguère élevé et se maintient encore à des chiffres tels que les fabriques de tissus du bassin du Rhône se virent réduites à chercher au dehors des qualités plus communes, mais offertes à des prix plus discrets. Les organsins d'Alais valaient de 100 à 110 francs net le kilogramme, tandis qu'on pouvait obtenir à

Londres des soies gréges de Chine à 49 francs, ou des bengales d'un ordre supérieur à 56 francs. Ouvrées et mises en état, ces soies ne revenaient pas au-dessus de 70 à 72 francs et présentaient ainsi une marge de 25 pour 100 sur les matières récoltées et préparées en France; essayées sur nos métiers, elles y donnèrent de bons résultats. La spéculation se porta donc de ce côté et prit bientôt de grandes proportions. Aujourd'hui il est peu de fabricants qui n'emploient, au moins en mélange, des soies de Bengale, et n'aient à se féliciter de cette innovation. On est parvenu à obtenir, au moyen de cet élément, des étoffes égales en qualité et qui coûtent infiniment moins cher : c'est, il faut le dire, que les procédés de l'ouvraison en ont pour ainsi dire renouvelé la matière première, et qu'en sortant des moulins de l'Ardèche ces soies ont acquis un lustre, une pureté, un éclat dont on ne les croyait pas susceptibles.

Une autre opération, plus curieuse et plus originale encore, a suivi celle-là. Les soies du Levant, celles de Syrie surtout passaient pour les plus détestables qu'il y eût au monde. Chargées de matières hétérogènes, lourdes et grossières, elles ne convenaient qu'aux emplois communs, et remplaçaient la bourre dans beaucoup de cas. A quoi cela tenait-il ? Aux procédés élémentaires employés sur les lieux et à la routine des éducateurs. En vain des maisons françaises habiles et hardies avaient-elles créé dans le Liban même des établissements importants, bien situés, bien outillés, réunissant toutes les conditions de succès ; des habitudes invétérées semblaient mettre au défi la patience et l'intelligence des fondateurs. La soie n'était pas filée comme ils le voulaient et comme elle aurait dû l'être. Quel parti prendre ? On ne réforme pas un peuple en un jour, et il était difficile d'envoyer si loin des ouvriers comme on avait envoyé des instruments. Ne pouvant surmonter la difficulté, nos fabricants la tournèrent. Jusqu'ici le cocon était regardé comme une marchandise d'un transport impossible ; tout lui est funeste, la compression, la pluie, l'atmosphère. C'est comme un fruit mûr qui ne doit être consommé que sur place. Le ver qu'il renferme ne peut se dissoudre sans altérer son enveloppe et en dégrader le prix. Tels étaient les obstacles ; ils ont été vaincus. Les cocons sont devenus transportables sans dépréciation, et voici comment : on les étend sur le sol en couches légères et on les soumet à l'action du soleil. Au moyen de ce traitement, non-seulement les chrysalidés périssent asphyxiées comme dans nos fours et nos étouffoirs, mais à la longue elles passent à l'état complet de dessiccation ; ce n'est plus une matière animale, mais une poussière inerte. Plus de décomposition à craindre, par conséquent plus de souillure pour la soie. Alors, au moyen d'un appareil mécanique, les cocons sont aplatis, pressés comme le sont des figues sèches, et disposés par couches dans des caisses ou dans des ballots. Ils arrivent ainsi à Marseille, d'où ils sont dirigés dans les filatures des Cévennes pour y être soumis à un traitement régulier qui leur donne les qualités requises pour le tissage.

A Lyon même, le ballot de soie ne va pas directement de chez le marchand à la manufacture ; il passe d'abord dans un établissement public pour y être essayé et classé. Cet établissement se nomme la *condition des soies;* il sert d'arbitre sans appel entre le vendeur et l'acheteur ; il fixe le titre et le denier de la marchandise. La soie a en effet cette propriété singulière d'emprunter à l'atmosphère et d'absorber une certaine quantité d'eau qui en augmente le poids. Cette absorption est constante, quoiqu'elle varie suivant les qualités, suivant l'état du ciel et d'autres circonstances moins appréciables, d'où la

nécessité d'amener la soie à un certain degré de
siccité, afin d'en fixer le poids réel et vénal. Des appareils ingénieux, soumis à une température déterminée, reçoivent des échantillons tirés des ballots
et indiquent la proportion du déchet qu'ils doivent
subir. Cette opération achevée, le marché est complet; la soie appartient au fabricant, qui la met
en mains, puis la livre au décreusage, où elle se dé-
pouille de la gomme qui la charge, enfin à la tein-
ture, où elle reçoit la couleur propre au genre de
fabrication auquel on la destine. Alors paraît un
autre agent, le chef de l'atelier, qui prend livrai-
son de la soie teinte, dévide la trame sur une mécanique de six à douze guindres (1), la donne à
ourdir, puis à plier. Dans cet état, la soie a subi
toutes les opérations préliminaires; il n'y a plus
qu'à la tisser.

Avant d'aller plus loin, il importe de montrer
quel a été le mouvement de la production de la soie
depuis que cette industrie s'est naturalisée en France
et quel en est l'état actuel. Henri IV, en la couvrant
de sa protection, n'avait qu'un pressentiment bien
confus de ses destinées. Il estimait à quatre millions

____

(1) Petits métiers à dévidage.

d'écus d'or la somme des richesses qu'elle allait créer et répandre; combien cette somme a été dépassée! A propos des soieries, on verra, par le nombre croissant des métiers et malgré des fluctuations inévitables, la fabrication des étoffes suivre un cours et un développement réguliers. Pour la soie, les données sont moins authentiques et remontent moins haut; il faut s'en tenir, sous peine d'appréciations arbitraires, aux chiffres que le gouvernement publie de loin en loin et qui sont eux-mêmes sujets à beaucoup de rectifications. Deux tableaux officiels ont été établis à des dates assez éloignées, 1820 et 1840; depuis lors on est réduit à des documents particuliers. En 1820, le mûrier n'était cultivé que dans dix-huit départements, en 1840, cette culture s'était étendue à douze autres; mais il n'y a en réalité que quatre départements où elle atteigne un chiffre de quelque importance, et mérite qu'on s'y arrête. Ils sont situés tous les quatre sur les rives du Rhône, deux à droite, le Gard et l'Ardèche; deux à gauche, la Drôme et Vaucluse. Après ceux-là viennent en ordre utile : l'Hérault, l'Isère, les Bouches-du-Rhône et le Rhône; le reste est insignifiant. En 1840, le Gard affectait à cette culture 15,000 hectares environ et y récoltait 2,696,281 kilogrammes de soie ; la Drôme obtenait 2,585,000 kilogrammes sur 6,212 hectares, l'Ardèche 1,785,121 kilogrammes sur 5,602 hectares, le Vaucluse 660,600 kilogrammes sur 3,985 hectares, l'Hérault 1,248,972 kilogrammes sur 2,592 hectares.. Il faut citer ces chiffres sans toutefois s'en porter garant. Évidemment celui qui est assigné au département de Vaucluse pour sa production en kilogrammes n'est point en rapport avec le nombre d'hectares attribué à la culture, et il y a ici une de ces erreurs dont les statistiques administratives ne sont pas plus exemptes que les autres statistiques. Il en est de même pour les évaluations des produits, que semblent démentir les données les plus superficielles. D'après ces tableaux, en effet, la production ne se serait élevée qu'à 42 millions de francs environ sur l'ensemble du territoire, tandis qu'on estime aujourd'hui à 140 millions de francs les soies que l'agriculture livre à nos fabriques, et à 110 millions celles qui leur arrivent de l'étranger. Or, quels que soient les progrès faits depuis 1840, il est impossible d'y voir la justification suffisante de cet écart.

Ce qui contribue à rendre ces chiffres plus suspects, c'est la belle figure que fait à l'exposition

universelle l'industrie de la soie. Il est à croire
que beaucoup de manufactures n'y sont pas représentées, et que là aussi il y a des vides. Cependant
les soies et soieries n'y comptent pas moins de 966
exposants, sur lesquels le contingent de la France
est de 521. La Suisse vient ensuite avec 94 exposants, l'Autriche avec 86, la Prusse 49, les États
sardes 37, l'Angleterre 35, l'Espagne 30, la Toscane 30, les états pontificaux 12, le Portugal 9, l'Algérie 8, la Grèce 8. Dans ce nombre, il est vrai, sont
compris la matière première et les tissus fabriqués;
mais en décomposant ce chiffre et en faisant la part
isolée de la filature et de l'ouvraison, on trouve encore 15 exposants pour les instruments mécaniques
et 173 exposants pour les soies gréges ou moulinées. Certes c'est là une légion imposante, et quand
on songe que la vogue est aux grandes usines, il
est impossible de réduire ce travail aux termes que
constate le document officiel.

Comment se reconnaître au milieu de tant de richesses? Auxquelles s'arrêter? Par où commencer
et par où finir? Besogne difficile, et il faut dire que
la commission chargée du classement n'a rien fait
pour l'alléger. Au lieu de rapprocher les produits
analogues, elle a mis la France à l'un des pôles du

palais, l'Angleterre à l'autre pôle, l'Algérie le long de la Seine, les autres États au rez-de-chaussée ou dans les galeries supérieures, sans avoir souci de l'embarras que cette dissémination devait causer au visiteur ni au trouble qu'elle devait jeter dans les esprits. Si on avait voulu soustraire cette exposition universelle à une appréciation raisonnée et à un examen réfléchi, je doute qu'on s'y fût pris autrement. Comparez donc les soies du Piémont avec celles de la Lombardie lorsque ces deux États, dont les frontières se touchent, sont séparés aux Champs-Élysées par des masses de produits et qu'on ne peut aller de l'un à l'autre qu'en traversant l'Inde et la Chine! Le classement n'est donc ni industriel ni géographique, et il est en outre peu favorable à l'observation. Aussi, quelque désir que j'eusse de voir toutes les soies et d'en parler aussi pertinemment que possible, dois-je avouer qu'il en est beaucoup dans le nombre qui ont échappé à mes recherches. Où trouver les États-Unis? où trouver le cap de Bonne-Espérance? Qui me conduira vers Tripoli? Dans quelle direction est situé le Mexique? Tous ces pays ont des soies, et c'est en vain que j'ai voulu m'assurer de leur existence : après quelques efforts j'ai dû y renoncer.

Les vides sont d'ailleurs sensibles et portent sur les soies d'Asie principalement. Ni la Chine ni le Bengale n'ont des étalages en rapport avec l'importance de leurs opérations et le rôle que ces pays jouent dans l'approvisionnement européen. L'Asie Mineure et la Syrie sont dans le même cas. Je n'ai vu ni *mestoup* de Brousse, ni gréges de Beyrouth, ni perses, ni saloniques, ni *demerdechs*. Ce ne sont pas là sans doute des soies supérieures, mais elles ont leur destination dans la manufacture et leur place dans le mouvement commercial. Ne fût-ce que comme contraste, il eût été curieux de les voir en regard des belles provenances du Vivarais. L'Espagne n'a pas non plus d'assortiment complet; tout se borne à quelques échantillons de Tolède, de Valence et de Murcie. Même disette dans les envois du Portugal, qui compte seulement cinq exposants, parmi lesquels le duc de Palmella. Ajoutons à ces catégories négatives l'Égypte; Tunis et deux ou trois autres localités insignifiantes, et nous resterons en présence des véritables États exposants, — le Piémont, la Lombardie, la Toscane, Rome, la France et son satellite l'Algérie. Je ne parle pas du royaume de Naples, qui s'est fait une place à part dans l'exposition et y brille par son absence.

Le Piémont est vigoureusement et dignement représenté. On sent, dans ce petit royaume, une séve et une ardeur qui se répandent jusque dans l'industrie. Pour lui, la fabrication de la soie est de tradition ; elle a toujours été un de ses titres et une de ses richesses. A en juger par les produits, elle n'a pas dégénéré. Trente-cinq exposants figurent dans les galeries supérieures, et il serait difficile de choisir entre eux, tant ils marchent sur une ligne parallèle pour la beauté, l'éclat, le lustre, la finesse des écheveaux. La soie blanche y a des reflets de l'argent, la soie jaune ceux de l'or. Il y a des gréges, des organsins, des trames, toutes les variétés et toutes les nuances; il y a aussi des appareils nouveaux, comme celui de M. Corregio, pour mesurer la force de la soie. Le marquis de Balbi peut s'enorgueillir des produits de son établissement de Piovera, M. Denegri de ceux qu'il file dans ses ateliers de Novi. Il en est de même des soies que présentent MM. Charles Novellis, Bellino frères, Jean-Baptiste Barberis, Vincent Gabaldoni, Michel Bravo, Avigdor, Imperatori, Bolmida frères, Borelli, Rey, Rignon, Sinigaglia et d'autres dont les noms m'échappent et qui mériteraient les honneurs d'une mention. Je citerai encore, comme essai spécial, les soies de MM. Perelli, si tant est qu'on puisse donner ce nom à un produit qui provient des plantes filamenteuses. En dégageant les fibres vasculaires de ces plantes des parties gommeuses qui y adhèrent, MM. Perelli sont parvenus, assurent-ils, à obtenir des fils très-fins et très-résistants, propres au tissage et qui peuvent remplacer la soie dans beaucoup d'usages et avec une grande économie.

La Lombardie va de pair avec le Piémont; l'industrie unit ce que la politique a séparé. L'exposition lombarde n'est ni moins riche ni moins intéressante que celle des États sardes. Nous y retrouvons les mêmes qualités, les mêmes formes, les mêmes procédés et une sorte de communauté d'origine. Il y a aussi la même affluence d'exposants; on en compte vingt-neuf dans la Lombardie proprement dite, la Vénétie et le Tyrol. La Hongrie n'en fournit que quatre, la Galicie deux, l'Illyrie trois, la Croatie deux, la basse et la haute Autriche deux, la Styrie deux, l'Esclavonie, la Transylvanie et la Moravie un. Au simple coup d'œil et à une première impression, on peut remarquer et signaler les soies de MM. l'abbé Massa, Lamberti, Mylius, Montagni, baron de Bretton, chevalier de Laminet, Magistris, Piazzoni, Gavazzi, Simoni frères, Manganotti pour ses *bombyx-cynthia*, Ferrari, Maffio et enfin celles de la filature de Zinkendorf. Une vitrine entière, sous l'étiquette de *manufacture impériale*, contient également de très-beaux échantillons, et doit occuper un rang à part dans cette nomenclature. En somme, l'exposition lombarde est digne d'un pays qui approvisionne une grande partie de l'Europe, et dépasse même la France dans le chiffre de sa production.

A côté de ces deux métropoles de la filature italienne, la Toscane et les États pontificaux n'occupent qu'une place secondaire, sinon pour la qualité, du moins pour l'importance du travail. Il existe pourtant en Toscane des manufactures de premier ordre, comme celles de MM. Baldoni frères, Bolognini-Rimediotti, Della Ripa, Franceschini, Lepori, Petrucci, comte Pieri-Pecci et Ravagli, qui jouissent d'un crédit mérité et d'une réputation justement acquise. Les États pontificaux ont aussi de dignes représentants dans MM. Beretta, Bellini frères, Feoli, Lardinelli, Padoa, Salari et Valazzi; mais il n'y a rien, ni dans la nature du produit ni dans le traitement auquel il est assujetti, qui s'écarte des procédés de l'Italie supérieure. Ce sont les enfants de la même mère; seulement les Lombards et les

Sardes sont les aînés, et comme tels ils ont des droits qu'ils ne laissent pas prescrire.

Venons à la France. On a vu combien son exposition est riche ; elle peut hardiment porter un défi à l'étranger. Vanité nationale à part, ses soies sont les premières du monde ; elles n'ont qu'un défaut, et ne semblent pas vouloir s'en corriger ; elles sont plus chères qu'aucunes. Entre les organsins du Piémont, les plus beaux après les nôtres, et les organsins du Vivarais, il y a toujours dans les prix de cinq à six francs de différence par kilogramme. L'opinion du fabricant n'en est pas moins favorable à la France, et cette opinion est appuyée de la meilleure des preuves, la préférence à prix d'argent. S'il surpaie la soie française, c'est qu'à l'emploi il retrouve au moins l'équivalent du sacrifice qu'il a fait, c'est que rien ne la supplée dans certaines fabrications, c'est qu'elle est plus égale, plus suivie, plus fine et plus forte à la fois que les soies venues d'au delà des frontières. L'expérience est facile à faire, même pour les mains les moins expérimentées. Qu'on prenne dans les vitrines deux écheveaux, l'un des meilleures marques de l'étranger, l'autre de nos marques courantes ; qu'on les déplie, qu'on examine la rondeur du brin, la netteté et la régularité du fil, et le jugement sera bientôt porté.

Dans l'exposition des soies françaises comme dans les expositions étrangères, il y a trois ordres de produits en montre : les cocons, les filés et les organsins, les déchets et les bourres. L'exposition du cocon est plutôt une affaire de curiosité qu'un acte d'industrie. Un fabricant de Lyon a eu l'ingénieuse idée d'en donner le spectacle au public ; il a rassemblé et mis sous nos yeux tous les détails de la filature. De son côté, la magnanerie expérimentale de Sainte-Tulle (Basses-Alpes), que dirigent avec autant de succès que de talent MM. Guérin-Menneville et Eugène Robert, a exposé dans sa vitrine les éléments de la classification industrielle de la soie et tous les matériaux de son histoire. Dans aucun autre établissement la science et l'art ne jouent un plus grand rôle. Des recherches et des études y sont faites sur les races et sur la graine, sur les maladies du ver et sur les remèdes qu'il convient d'y apporter, sur tout ce qui touche à l'hygiène des locaux, aux soins et aux procédés les mieux vérifiés, aux moindres circonstances de l'éducation. Nulle part on n'a fait plus d'essais ni des essais plus heureux. En outre, une école gratuite de sériciculture, théorique et pratique, est annexée à l'établissement et compte déjà vingt ans d'exercices féconds en bons résultats. Ce sont là des services qui sortent de la ligne d'une exploitation ordinaire, et donnent à la magnanerie de Sainte-Tulle un caractère à part. D'autres éducateurs ont également fourni des échantillons de cocons et dans toutes les espèces, — M. le marquis de Berthelat pour l'Allier, M. Durel pour l'Ardèche, M. Séneclause et M. Turquais-Drutel pour la Loire, M. Fougassié-Vidal pour le Tarn; je ne parle ici que de ceux qui n'ont que des cocons et point de soie. Il y en a même qui n'exposent que des œufs, les uns purement français, les autres de races croisées, comme M. Estève de la Drôme. Mystères de la nature où le profane n'a rien à voir et qui trompent même l'observation la plus exercée!

Du cocon si l'on passe à la soie, grége ou ouvrée, on se trouve en face de la plus abondante collection qui se soit jamais vue, et la plume hésite quand il s'agit de choisir. Naguère le même embarras naquit au sein des comités chargés de décerner les prix à la suite de l'exposition universelle de Londres, et pour s'en affranchir on imagina un moyen de couronner tout le monde en ne désignant personne, et d'accorder des médailles collectives soit à un groupe de producteurs, soit à un centre de production. Malheureusement le moyen a eu peu de succès ; il faut, bon gré, mal gré, mettre quelques noms en relief. Il en est qui se désignent d'eux-mêmes et que la voix publique a mis hors de concours. Tel est celui de M. Louis Blanchon, dont la marque est classée à Lyon comme la première parmi les filatures connues. Après lui nommons M. Dumaine de l'Ardèche, MM. Arduin et Chancel des Hautes-Alpes, Louis Boudon du Gard, Regard frères de Privas, Barrès frères et Menet de l'Ardèche, Molines de Saint-Jean du Gard, qui sont des grands lauréats de Londres et dont l'exposition actuelle ne dément pas les succès. Puis viendront MM. Champanhet, Fougeirol, Deydier, Lambert, Panisset et Meffre, Perbost, Soubeyran et Thomas frères, qui tous appartiennent à la zone méridionale, — enfin, pour ne pas négliger les essais qui ont lieu dans des départements moins favorisés, M. le comte d'Arlos dans l'Ain, M. Buffet à Chaley et M. Schertz dans le Bas-Rhin, dont la soie provient de vers nourris de la feuille du scorsonère.

Restent maintenant les déchets et les bourres de de soie, article longtemps négligé et de peu de valeur et qui semble aujourd'hui, au moyen d'un traitement nouveau, acquérir une certaine importance. Ces déchets comprennent toutes les soies courtes et brisées, qui résultent du travail de la soie grége, connues sous le nom de *frisons* et de *bassinats*, les cocons percés par les papillons destinés à la reproduction et ceux même qui, sous le nom de *douppions*, proviennent de l'accouplement de deux chenilles filant ensemble le même cocon. Plusieurs exposants en offrent dans leurs montres. L'aspect en est satisfaisant et prouve de sensibles améliorations. Les moyens employés pour transformer ces déchets ont beaucoup d'analogie avec ceux qui sont en usage dans la fabrication de la laine, et se ressentent des perfectionnements dont cette dernière industrie a été l'objet. Aussi la bourre de soie entre-t-elle aujourd'hui, au moins pour une part, dans beaucoup de tissus nouveaux, non-seulement en soie pure, mais mélangés avec d'autres matières filamenteuses, tantôt à l'état de chaîne, tantôt à l'état de trame, quelquefois incorporée au fil de nature différente. De l'avis des hommes compétents, c'est là une tentative heureuse et qui doit multiplier le nombre des étoffes à bon marché, destinées aux fortunes modestes. La Suisse a fait dans ce genre un pas très-marqué. Cependant il ne faudrait pas que cette petite révolution servît d'encouragement à la fraude et fût poussée hors de ses limites. La bourre de soie ne saurait remplacer la soie grége pour les grands articles, où celle-ci domine et doit toujours dominer, dans les foulards, par exemple, qui se prêtent peu à des combinaisons mixtes, même dans les tissus mélangés laine et soie, qui ont des règles précises, comme les baréges, les tarlatanes et les nombreux articles pour robes et châles qui servent de principal élément à la fabrication parisienne.

Telle est l'industrie de la soie avant la période du tissage; je passe maintenant aux soieries; ce sera l'objet de la seconde partie de ce travail.

II.

On a vu que la fabrication des tissus de soie a précédé en France la fabrication de la soie même. Sans admettre qu'il y eût déjà, comme quelques auteurs le prétendent, des fabriques de taffetas dès le treizième siècle dans le comtat venaissin, il est constant qu'une manufacture fut fondée à Lyon en 1450, une autre à Tours en 1470. Nîmes, Saint-Étienne, Avignon et Saint-Chamond ne montèrent leurs métiers que cent ans plus tard. Ces débuts furent d'ailleurs, autant qu'on en peut juger à cette distance, humbles et précaires; on s'attaqua plutôt aux petites étoffes, aux florences, aux doucettes, qui n'exigeaient pas une grande dépense ni un art bien raffiné. L'histoire a recueilli, comme un événement, la date des pre-, miers bas de soie qui aient paru en France ; ce fut, en 1517, et l'honneur de les porter revint à Henri II. Ces bas étaient d'origine étrangère ; nos ateliers ne visaient pas encore si haut. Il fallait tout emprunter aux nations qui avaient pris les devants, les ouvriers à Florence ou à Gênes, les soies à la Perse, à l'Inde, à l'Asie Mineure et à la Grèce.

D'ailleurs les conditions de la lutte n'étaient, dans cette première période, ni égales ni encourageantes. Les républiques italiennes, douées d'un génie entreprenant, servies par la nature et par la tradition, régnaient alors en souveraines sur le marché européen et n'étaient pas d'humeur à s'en dessaisir. Leurs étoffes réunissaient tous les mérites, l'éclat, la richesse, le bon marché. La matière première était à leurs portes et devint bientôt un produit de leur propre sol. Aussi ne faut-il pas s'étonner de voir la fabrication française contenue dans son premier élan et sujette à des crises qui plus d'une fois la mirent en péril. Il y eut dans son existence des éclipses suivies de prompts retours, et si elle se maintint en dépit de tout, on le doit à deux causes qui n'ont pas été assez remarquées. La première est la décadence politique de ces petits États à la suite d'une courte grandeur, et qui, par la force des choses, devint une décadence manufacturière. La seconde tient au siége même que cette industrie avait adopté en France. Aucune ville, en effet, n'aurait pu, au même degré que Lyon, soutenir une aussi longue épreuve, ni la faire aboutir à son honneur. Vigilante, opiniâtre, laborieuse, elle pesait dans la balance par le chiffre et la nature de sa population, par la puissance de ses épargnes, par une aptitude au travail difficile à égaler. Une ruche n'a pas plus d'activité ni une activité plus féconde.

Quoi qu'il en soit, après deux siècles de durée, l'industrie des soieries ne semble pas encore bien assise sur ses bases. Vers 1680, le nombre des métiers flotte, à Lyon, entre 9,000 et 12,000, et encore n'est-ce là qu'un apogée, un moment fugitif qui correspond à la belle époque du règne de Louis XIV. Vingt ans plus tard, ce chiffre était bien réduit ; il roulait entre 3,000 et 5,000. Des personnes dont l'autorité est réelle, entre autres M. Arlès-Dufour, imputent ce déclin à un motif unique, la révocation de l'édit de Nantes, qui priva la France d'un si grand nombre d'industriels habiles et de bons ouvriers au profit de l'Angleterre, de l'Allemagne et de la Suisse. Loin de moi la pensée de contester les suites fatales de cet acte ; il n'a que trop pesé sur les destinées de la patrie commune. Seulement il me paraît qu'au lieu d'appuyer sur une circonstance passagère on aurait pu trouver aux vicissitudes de l'industrie des soieries une cause plus générale, une règle plus constante, une loi historique, si le mot n'est pas trop ambitieux, d'un effet plus étendu. Cette loi peut se résumer en peu de mots : c'est que la fortune de cette industrie, comme de toutes les industries de luxe, a toujours coïncidé avec l'état du pays, florissante quand il était florissant, souffrante quand il souffrait, subordonnée au régime en vigueur, à la richesse et à la sécurité dont jouissaient les populations.

A l'appui de cette opinion les preuves ne manquent pas, et M. Arlès-Dufour ne les méconnaît pas lui-même en d'autres occasions. Pour en revenir à la crise qui remplit la fin du dix-septième siècle et la moitié du siècle suivant, la révocation de l'Édit de Nantes suffit-elle pour l'expliquer ? N'y eut-il pas une pression plus grande encore exercée par les événements politiques et militaires ? La fin du règne de Louis XIV, si austère et si sombre, les guerres ruineuses et malheureuses dans lesquelles il fut entraîné ; plus tard les orages de la minorité de Louis XV et les di-

lapidations de la régence, l'état précaire des finances
publiques et le discrédit universel qui suivit les
aventures de Law, le triomphe de l'esprit de spéculation, toujours mortel aux opérations régulières, l'é-
lévation du loyer de l'argent, la méconnaissance des
vrais principes d'administration et l'existence d'une
foule de petits monopoles qui enchaînaient l'activité
particulière, toutes ces causes, isolées ou réunies,
durent nécessairement entrer pour une grande part
dans cette léthargie si persistante et cet engourdis-
sement si prolongé. Tous les faits le prouvent, toutes
les inductions portent à l'admettre. Si l'industrie
des soieries se relève vers 1765 et en revient au
chiffre de 12,000 métiers battants, c'est que l'esprit
public se relève aussi, c'est que la France a eu
quelque trêve, a respiré, est sortie de la poussière des
champs de bataille; c'est que le souffle de la liberté
passe déjà sur l'industrie et la convie à une destinée
nouvelle; c'est que des écrivains, comme Quesnay,
enseignent l'art de développer la richesse des États
et préparent les affranchissements de Turgot; c'est
enfin qu'il s'opère comme une métamorphose dans les
notions du crédit et de l'économie industrielle. Après
avoir épuisé les expédients, on entrevoit la science
tutélaire du travail humain, et à l'arbitraire d'autre-

fois succède le régime des garanties ; en un mot,
on définit mieux et on distingue plus nettement les
droits de ceux qui gouvernent et de ceux qui sont
gouvernés.

Ce progrès est encore plus sensible dans les années
qui suivent ; avec les lumières et le sentiment rai-
sonné des choses, l'activité s'accroît, les entreprises
se multiplient ; de 1780 à 1789, le nombre des métiers
monte de 18,000 et se maintient jusqu'aux premiers
orages de la révolution. Ici l'influence politique
pèse de nouveau sur l'industrie et en subordonne la
marche aux événements. Le luxe disparaît dans le
bouleversement des fortunes, les vêtements se trans-
forment, une sorte d'interdit somptuaire pèse sur
toutes les classes et les réduit au même niveau. A
l'aisance a succédé une misère commune. De là une
crise plus violente que les crises antérieures et
qu'aggrave le siége de Lyon : les métiers tombent
à 3,000, et le choc a été si rude que le chiffre ne
se relève pas même avec la chute de cette politique
à outrance et quand le gouvernement échoit à des
mains plus modérées. Il faut arriver à l'empire pour
retrouver la situation de 1688 et de 1765, 12,000
métiers battants ; c'est tout ce que purent amener
la renaissance du luxe et douze ans de sécurité in-

térieure, accompagnés d'un énorme accroissement de territoire. Le chiffre de 1789 ne fut point alors atteint : c'est que la guerre sévissait et tendait à l'excès les ressorts du pays, enlevait les bras aux ateliers et l'argent aux caisses privées, fermait les marchés lointains et ne laissait à l'industrie pour débouché qu'un continent en feu, ruiné par les exactions militaires. Aussi, dès que la paix fut rendue au monde, y eut-il un essor soudain et presque inespéré. Dès 1816, on comptait à Lyon 20,000 métiers à l'œuvre, 24,000 en 1822, 27,000 en 1827. Depuis lors le mouvement ne s'est plus arrêté ; à peine y eut-il une courte halte à la suite des révoltes locales de 1831 et de 1834 ; dès le milieu de 1837, le nombre des métiers s'élevait à 40,000 et au moment de la révolution de février il dépassait 50,000. Voilà où dix-huit années d'un règne paisible et régulier avaient conduit l'industrie de Lyon. Jamais elle n'avait connu des jours plus prospères ni poussé ses conquêtes plus loin : son travail d'alors, rapproché de celui des époques précédentes, sous la Convention, sous Louis XIV, sous l'empire, sous Louis XVI et sous la restauration, était comme vingt, cinq, quatre, trois et deux sont à un. Ces chiffres sont significatifs.

Circonstance singulière et qui mérite d'être si-
gnalée ! Les événements de 1848 ne portèrent pas à
la fabrication des soieries le même coup qu'aux
autres branches de la production française. On aurait pu croire qu'au milieu de la détresse du crédit,
des agitations populaires, des sombres perspectives
du temps, ces objets de luxe, ces superfluités rece-
vraient une bien autre atteinte que les denrées et les
marchandises de première nécessité, celles qui défraient nos plus stricts besoins. C'est le contraire
qui eut lieu. Pendant que les tissus de laine et de
coton, même les plus communs, éprouvaient des
dépréciations notables et supportaient les dommages
inséparables du délaissement, les étoffes de soie
continuaient à faire bonne figure, maintenaient ou
élevaient leurs prix et restaient en possession de
leurs débouchés. Il est même constant qu'aucune
période ne leur a été plus favorable que celle des
quatre années qui se sont écoulées de juin 1848 à
la fin de 1852. Les plus beaux inventaires de la soierie se rapportent à ces dates et surtout aux plus voi-
sines de la commotion révolutionnaire. L'accroissement subit des métiers s'y rattache aussi ; le nombre
s'en éleva à 60,000 et 65,000 et n'a pas été dépassé
depuis lors. Alors à quoi cela tient-il ? Comment

expliquer ce contraste? Le plus naturellement du
monde. La soierie ne relève pas de la France seule;
elle a un autre empire, et ce n'est pas le plus ingrat;
elle a, pour moitié au moins, une clientèle au dehors que la paix lui a value et qu'elle conserve au
prix d'efforts incessants. Or, quand l'intérieur lui
manque, l'étranger lui reste fidèle; c'est ce qui est
arrivé en 1848 et 1849. Jamais les commandes n'ont
été plus suivies. La soierie a même pu tirer avantage, dans une certaine mesure, de cette peur universelle qui avait gagné tous les producteurs agricoles
et ne leur laissait aucune liberté d'esprit. Les cocons étaient descendus de 5 fr. à 2 fr. le kilogramme;
c'est la soierie seule qui a profité de ce rabais irréfléchi et que rien ne justifiait.

Ainsi, dans ces deux conditions, la paix et la liberté, se trouvent les garanties de prospérité pour
l'industrie des soieries; le meilleur régime est celui qui les procure et les maintient. La liberté est nécessaire à son économie intérieure, la paix à ses débouchés; elle a souffert toutes les fois que l'une ou
l'autre lui ont manqué. Sous l'ancien régime, c'est par
le privilége qu'elle était frappée de langueur; sous
l'empire, c'est par la guerre qu'elle a été contenue
dans d'étroites limites. Elle ne s'est possédée elle-

même et elle n'a conquis le monde que lorsque
toutes les entraves ont disparu et que rien n'a gêné
son essor. Sans doute il faut faire une part, dans les
nécessités de son existence, à la sécurité intérieure
et à la discipline inséparable d'un travail régulier :
l'exemple de la Convention est là pour prouve ce
que devient l'industrie chez un peuple qui aux
charges des hostilités extérieures ajoute les horreurs
des troubles civils; mais de si grands désordres sont
rares, Dieu merci ! et telle est aujourd'hui la puissance des intérêts que le mal s'arrête avant d'avoir
pris de la gravité et que le retour ne se fait pas attendre.

Pendant que Lyon marchait ainsi et à travers les
difficultés des temps dans une voie de perfectionnement continu, que devenaient les autres États de
l'Europe? Comment s'y comportait l'industrie des
soieries? à quel régime y était-elle soumise? jusqu'à
quel point renfermait-elle les éléments d'une rivalité redoutable? ce sont là des questions à examiner.
D'abord l'Angleterre : en matière de manufactures,
c'est à elle qu'appartient le premier rang. Il ne
semble pas qu'avant la révocation de l'Édit de
Nantes le tissage des soies y ait eu de l'importance
et soit allé au delà de quelques essais. On cite pour-

tant quelques actes publics, et entre autres une loi de 1666, qui porte à 40,000 le nombre des individus vivant de cet art, chiffre exagéré, il faut le croire. Mais, quand la persécution religieuse eut jeté sur les rivages de la Grande-Bretagne 50,000 Français, parmi lesquels se trouvaient d'excellents fabricants, de bons contre-maîtres et des ouvriers habiles, il y eut dans cette industrie un élan réel et très-caractérisé. Spitalfields en devint le siége, et est resté depuis lors pour l'Angleterre ce que Lyon est pour la France. Bientôt la fortune arriva, et avec la fortune vinrent ces idées d'exclusion familières aux industriels et dont ils ont tant de peine à se défendre. A tout prix, coûte que coûte, ils voulurent s'assurer du marché anglais et assiégèrent le parlement de sollicitations et de demandes qui avaient pour but la mise à l'index de toute compétition étrangère. Cette poursuite dura plus d'un siècle, et forme l'un des plus curieux et des plus édifiants chapitres de la protection appliquée à l'industrie.

Les premiers actes qu'on arracha aux communes furent la prohibition absolue des étoffes venant du dehors. Jusqu'alors l'Angleterre s'était librement pourvue dans les pays à sa convenance, et les états

de douanes constatent que de 1685 à 1692 il y avait
été importé pour 700,000 liv. sterl. de soieries. Ce
commerce dut cesser : par une patente de 1695,
Spitalfields obtint le privilége des taffetas lustrés et
et des articles dits *à la mode,* alors fort recherchés.
Deux ans plus tard, en 1697, l'interdiction s'étendit
aux soieries de France et d'Europe, et quatre ans
après, en 1701, à celles de la Chine et de l'Inde. C'était
aller vite en besogne et se montrer bien exigeant :
pourtant on ne s'en tint pas là ; on voulut faire du
moulinage ce qu'on avait fait du tissage, une œuvre
nationale. Alors commença le châtiment : le privilége est une armé à deux tranchants qui blesse autant qu'elle sert. Les droits dont on avait frappé les
soies moulinées chargèrent outre mesure le prix
des étoffes, et la contrebande seule put rétablir l'é-
quilibre au profit des consommateurs. De 1719 à
1824, ce ne fut qu'une succession de plaintes de la
part des fabricants, qui demandaient à être mieux
protégés, et d'actes du parlement, qui multipliaient
contre la fraude des peines toujours inefficaces. De
leur côté, les ouvriers élevaient d'autres prétentions
et, coalisés entre eux, réclamaient un tarif qui les
défendît contre l'abaissement des salaires. Là-dessus
démêlés sans fin, grèves menaçantes, relations enve-

nimées dans lesquelles la force publique dut inter-
venir, e en même temps vides dans la production et
renchérissement des prix, qui arrangeaient les affaires
de la contrebande. Enfin, en 1773, la détresse de l'industrie était telle que le parlement eut la main forcée;
sept mille métiers chômaient et laissaient autant de
familles sans pain. On rendit un acte, qui fut nommé
acte de Spitalfields, par lequel le taux des salaires était
livré à l'appréciation des magistrats : l'arbitraire
devenait le contre-poids du privilége; l'industrie ne
s'appartenait plus. Triste spectacle et dure leçon! De
pareils exemples devraient convertir les plus in-
crédules et dissiper les illusions, même les plus invétérées.

Cependant, grâce à la guerre et au blocus européen, l'industrie des soieries reprit quelque activité en Angleterre de 1798 à 1816 : la contrebande
avait désarmé, c'était la marine militaire qui faisait
la police des mers; mais, dès le retour de la paix, la
souffrance reparut et avec une énergie telle que,
bon gré mal gré, il fallut écouter les conseils de
l'expérience et du bon sens. Un ministre éminent,
Huskisson, entreprit cette réforme. Rompant avec le
passé, il demanda à la liberté ce qu'on avait en vain
demandé au privilége, fit abolir l'acte de Spitalfields,

et remplaça la prohibition par des droits modérés. Les fabricants criaient à la ruine; ce fut la fortune qui leur arriva. L'industrie, jusque-là inerte, se réveilla comme sous un coup de fouet; concentrée naguère dans une ou deux villes, elle se répandit dans vingt ou trente localités, Coventry, Macclesfield, Manchester, Paisley, Leok, Derby, Norwich et autres. Tous les environs de Londres, tout le Lancashire eurent leurs ateliers; on tissa la soie partout où l'on tissait le coton et la laine. Au moment où Huskisson fit prévaloir ces projets, en 1824, il n'y avait dans tout le royaume uni que 24,000 métiers battants; en 1829, cinq ans après, on en comptait 50,000. Depuis lors et sous l'empire des droits graduellement réduits et à peine sensibles, le mouvement s'est continué dans le même sens et avec une puissance toujours accrue. Aujourd'hui la Grande-Bretagne a cent mille métiers occupés. Elle admet, il est vrai, pour 70 millions de nos soieries et de nos rubans; mais ses fabriques, qui, sous l'empire de la prohibition, employaient à peine un million de kilogrammes de soie, en emploient maintenant trois millions de kilogrammes, entrant en pleine franchise : tant il est vrai que l'activité appelle l'activité et qu'en se montrant libéral vis-à-vis des autres un peuple sert moins leurs intérêts que les siens et fait encore le meilleur des calculs !

Auprès de l'Angleterre, les autres États ont une situation un peu effacée, et leur histoire n'offre pas cet intérêt économique. Celle de la Suisse, toute modeste qu'elle est, renferme pourtant plus d'un enseignement. Voilà un petit pays qui semble bien maltraité par la nature ; il n'a rien de ce qui rend les autres si intolérants et leur inspire l'orgueil et la prétention de se suffire. Il n'a ni le fer, ni le coton , ni la soie, ni le charbon, ni même le blé pour se nourrir ; il n'a point de bâtiments pour expédier au loin ses produits, ni de ports où les matières premières puissent arriver à peu de frais ; il n'a ni traité de commerce à passer ni douaniers armés pour se défendre ; il est isolé au milieu de l'Europe et ouvert à tous ses voisins pendant que ses voisins se gardent avec une défiance ombrageuse. A l'intérieur, il n'a rien imaginé de ce qui fait le souci des autres États, ni faveurs pour certaines classes, ni règlements pour le travail, ni expositions publiques , ni rubans, ni croix, ni encouragements administratifs, ni législation variable à l'infini, ni monopoles fortement constitués. Eh bien ! ce petit pays, si dépourvu, si oublié, pour lequel le ciel a si peu fait et qui semble s'abandonner lui-même, a pourtant des industries, et des industries dignes d'attention, une légion de manufacturiers, et des plus méritants. Comment s'y prennent-ils donc, ces déshérités ? comment font-ils pour lutter contre les États qui ont une organisation si savante ? Ils font du mieux qu'ils peuvent ; et c'est tout leur secret : ils achètent où il leur convient d'acheter, vendent où il leur est possible de vendre. S'ils n'ont ni charbon, ni blé, ni fer, ni machines, ni coton, ni soie, ils ont l'argent, qui en procure, et sont libres d'aller prendre ces objets là où ils les trouvent à plus bas prix et de meilleure qualité. C'est leur seul avantage ; et il paraît que cet avantage leur suffit ; ils laissent aux autres les méthodes raffinées et font doucement leur chemin ; ils n'envient ni ne se plaignent.

Il est vrai qu'à cette liberté d'action, à cette tolérance sans limites la Suisse unit des conditions qui ne se rencontrent point ailleurs. Nulle part l'industrie n'est aussi patriarcale ni plus étroitement liée aux travaux des champs. C'est surtout durant les longues veillées d'hiver et près du foyer de famille qu'elle s'exerce avec le plus de fruit. C'est là aussi qu'elle est née, à la suite des persécutions religieuses dont eurent à souffrir l'Italie aux treizième et quatorzième siècles et les Pays-Bas sous la domination espagnole. On comprend combien cette situation est favorable à l'exercice d'une industrie : le salaire, ainsi combiné, ne compte plus comme le principal dans les moyens d'existence, il n'en est que l'accessoire ; il peut être réduit sans inconvénient et du gré de celui qui le reçoit comme de celui qui le paye. Si modéré qu'on le suppose, il apporte un peu d'aisance dans la maison ou bien y constitue une épargne. Aux champs d'ailleurs, les mœurs sont simples et les goûts sont bornés ; le spectacle du luxe n'y conduit point à l'envie ; on n'est exposé ni aux dépenses ni aux séductions des villes ; il n'est pas jusqu'à ce mélange de travaux qui ne soit salutaire pour le corps et sain pour les âmes. En revanche, le cadre de l'industrie y est forcément restreint ; il faut qu'elle écarte tout ce qui est invention, s'en tienne aux produits élémentaires, aux objets d'une vente courante et d'un débit constant. C'est ce que la Suisse a compris ; ses métiers ne tissent pas ou ne tissent que fort peu d'étoffes façonnées dont les dispositions varient et dont la vogue n'a qu'une saison ; ils ne fabriquent que des étoffes unies ou à carreaux, toujours les mêmes et toujours assurées d'un placement ; mais cet effort d'une population intelligente, porté vers le même article, en a fait le succès, et aujourd'hui la fabrication suisse a pris en Europe et en Amérique un rang que les puissances du premier ordre lui envient et que personne ne saurait lui contester. Zurich a les étoffes et Bâle les rubans; le travail est disséminé dans les villages qui les entourent, et s'étend aux cantons les plus voisins. Zurich compte 20,000 métiers, Bâle 10,000, et l'ensemble de leur production est évalué à 50 ou 60 millions de francs; par le mérite des qualités et la discrétion des prix, elle a pénétré sur tous les marchés du monde que les douanes ne lui ferment pas.

Le groupe d'États désigné sous le nom de Zollverein marche presque de pair avec la Suisse pour les étoffes de grande consommation, et sur certains points, comme les montagnes de la Saxe, l'industrie y garde le même caractère mixte. Dans les dates et l'origine il y a aussi analogie, et c'est un fait caractéristique et curieux à noter que les dissidences en matière de croyances ont été le principal instrument de la diffusion des arts et du commerce sur la surface du globe. C'est ainsi que de grandes industries ont fait leur chemin. C'est ainsi que l'Amérique du Nord s'est peuplée. Il n'y a d'ailleurs

dans le Zollverein rien qui ne soit l'imitation de ce
que l'on voit dans le reste de l'Europe. Naguère le
régime du travail y variait d'État à État, suivant les
préjugés, suivant les lieux, suivant les temps ; aujourd'hui, et grâce à l'association récente, il y règne
une certaine uniformité : chaque localité a gardé
les fabrications qui sont plus particulièrement de
son ressort ; toutes y ont trouvé, par la suppression
des barrières intérieures, la jouissance et les bénéfices d'un marché plus étendu. Dans ce partage, les
provinces rhénanes ont eu naturellement le premier lot, et c'était justice ; la Prusse proprement
dite, la Saxe, le Brandebourg, la Westphalie ne
viennent qu'après. Deux villes dominent surtout
pour la production des soieries, Crefeld et Elberfeld.
On y fabrique les velours courants et les rubans de
velours sur une échelle considérable et à des conditions qui semblent défier la concurrence. Vierzen a
aussi une réputation en ce genre et des mieux
établies ; nulle part on n'entend mieux le mélange
de la soie et du coton, qui permet d'abaisser les
prix dans une proportion presque inimaginable. En-
visagé dans son ensemble, le Zollverein occupe
30,000 métiers, et aspire à tous les genres de succès.
Pour les taffetas unis, il lutte avec la Suisse, pour

les façonnés il se mesure avec Lyon et cherche à l'égaler en le copiant.

L'Autriche, cet autre foyer de l'activité allemande, a fait, dans ces derniers temps, de louables efforts pour se mettre au niveau des États auxquels la rattache une communauté d'origine. Si l'industrie des soieries n'y est pas ancienne, si la tradition n'y remonte pas bien haut, le zèle de ses manufacturiers y supplée et regagne le temps perdu. Sur aucun point on ne montre plus de désir de parvenir, plus d'ardeur vers le perfectionnement, plus de patience dans l'imitation. À peine un dessin a-t-il paru à Lyon qu'il est déjà sur les métiers de Vienne. C'est autour de cette ville et dans un rayon peu étendu que l'industrie est concentrée ; elle y trouve un débouché naturel, un appui financier et ce sentiment de goût qui règne dans les capitales. Est-ce au choix de ce siége, est-ce à l'aptitude de ses agents qu'il faut attribuer les progrès de cette industrie? Toujours est-il qu'elle a été un sujet d'étonnement pour les juges les plus autorisés ; ils ont admiré la variété, l'entente, la bonne exécution des articles et particulièrement des étoffes pour meubles et pour ornements d'église. On a cité souvent les Chinois pour l'art qu'ils déploient à copier les produits de l'Europe ; les Autrichiens, à ce qu'il semble, ne leur cèdent en rien et ne s'en tirent pas avec un moindre honneur. C'est le procédé de Daguerre appliqué à l'industrie. Nouveautés, colifichets, mouchoirs, cravates, écharpes, ils savent tout reproduire et avec une fidélité qui trompe même un œil exercé. Là est le secret et le titre de la fabrication autrichienne ; si elle n'invente pas, elle sait choisir ses modèles.

De toute l'Italie, où la fabrication des soieries joua autrefois un si grand rôle, il n'y a plus que la Sardaigne qui ait conservé quelques éléments et quelques débris du passé. La Lombardie a désarmé ; elle semble réduire son ambition et concentrer sa force dans le domaine de la filature. Ni Venise, ni Milan, ni Vérone, jadis si florissantes, ne sont en mesure de paraître dans un concours pour les étoffes ; en revanche, Gênes et Turin sont sorties de leur long sommeil et aspirent à renaître. Longtemps Gênes eut le privilége du beau velours ; les noms de la ville et du tissu étaient inséparables. Gênes a été dépassée et s'efforce de se remettre en ligne ; Turin y prétend aussi, et la rivalité locale ainsi provoquée ne peut que favoriser cette renaissance. Le gouvernement sarde y aide, de son côté, avec cette intelligence qu'il apporte à tout ce qu'il fait. A l'exemple de l'Angleterre, il a vu le nerf et le ressort des industries là même où il est, non dans l'exclusion, mais dans la concurrence; il a abaissé les droits sur les soieries étrangères.

L'Espagne n'en est malheureusement pas là; elle se débat dans les routines de l'économie publique, accompagnées de leur cortége ordinaire, les prétentions et les révoltes des ouvriers. Aussi la contrebande a-t-elle fait de ce malheureux pays le point de mire de ses plus belles opérations; c'est là un commerce en règle, avec ses primes, ses tarifs bien connus, sa puissance et sa solvabilité. Cependant il existe au delà des Pyrénées bien des éléments pour une régénération manufacturière. La Catalogne et le royaume de Valence soutiennent du mieux qu'ils peuvent leur vieille réputation, et, pour quelques articles spéciaux, conservent une certaine supériorité. Quant au Portugal, il n'en faut parler que pour mémoire.

Restent maintenant les pays qui furent le berceau de l'industrie des soieries et auxquels l'Europe en fournit aujourd'hui, la Turquie, la Grèce, l'Égypte et les États barbaresques. Tout s'y réduit à une fabrication locale, adaptée aux besoins qu'elle dessert, aux habitudes et au goût des populations. C'est l'industrie à l'état rudimentaire et qui participe de l'immobilité des Orientaux. Les dessins en sont originaux, les couleurs brillantes, mais tels que la tradition les a fixés et comme ils étaient du temps des calife . La Chine et les Indes ont également ce caractère stationnaire et cette constance dans l'exécution. Ce qu'étaient les soieries de Chine il y a mille ans, elles le sont encore. Les générations d'ouvriers se succèdent sans que les procédés changent; à peine modifie-t-on les dessins. Ce sont toujours les mêmes damas économiques et beaux, les mêmes broderies sur châles et écharpes, les mêmes crêpes, les mêmes satins épais et résistants. On ne peut pas dire que ce soit là un art déchu; c'est un art qui s'est imposé des limites et tracé un cercle pour ne jamais le franchir. Que lui importent l'Europe et ses goûts changeants? Il a des millions de clients qui s'accommodent de cette fixité; et, si les barbares, comme ils nous nomment, ont besoin de quelques ballots d'étoffes, ce n'est pas la peine qu'on s'en préoccupe et encore moins qu'on modifie pour cela des usages établis de temps immémorial. Dans les produits de l'Inde, il y a plus de variété, quoique la fidélité aux traditions soit la même. L'Inde a été de tout temps la patrie des tissus délicats, des châles de prix, des écharpes transparentes. Nulle part on n'a su marier la soie et l'or dans des proportions plus heureuses, nulle part l'harmonie des couleurs, la combinaison des matières, l'originalité des dessins n'ont été poussées plus loin. Si nous avons une méthode plus sûre, des procédés plus savants, plus de ressources et plus d'imagination, il ne faut se montrer ni ingrat ni dédaigneux envers ces artisans de l'Asie centrale, qui nous ont fourni les premiers modèles à imiter et qui sur quelques points sont encore nos maîtres.

Voilà ce qu'a été, dans le cours des temps, l'industrie des soieries et ce qu'elle est aujourd'hui. Pour mieux en juger l'importance, il n'y a plus qu'à ajouter quelques chiffres sur la production générale de la France. Les évaluations ne sauraient être qu'approximatives, et varient suivant les auteurs; elles sont en outre assujetties à toutes les incertitudes des documents administratifs. Il y a dix ans, les états officiels portaient à 406,377,455 francs la valeur des soieries annuellement fabriquées. Aujourd'hui on est fondé à l'élever à un demi-milliard, et à 160,000 le nombre des métiers en exercice. En 1853, l'exportation des tissus de soie a atteint le chiffre

de 376 millions, ce qui représente le double à peu
près de la valeur des autres tissus vendus au dehors.
Ce chiffre est descendu, en 1854, à 311 millions, à la
suite de la crise américaine. Les tissus de soie reçoivent des destinations diverses; ils vont aux États-
Unis, en Angleterre, en Allemagne, dans les mers
du Sud, en Russie, en Belgique, dans les Pays-Bas,
en Suisse et dans le Levant. C'est Lyon qui en fournit le principal contingent, et après Lyon Saint-
Étienne, son brillant satellite. Si Lyon a les étoffes,
Saint-Étienne a les rubans et y est inimitable. Pour
cette seule ville, la production s'élève à 80 millions,
dont 50 au moins sont exportés.

L'histoire de l'industrie des soieries nous met à
même de mieux apprécier le rôle qu'elle joue et
la place qu'elle tient dans le concours actuel. J'ai
dit quelles sont les forces respectives des États producteurs, comment elles se sont développées ou
amoindries, à quelles causes on peut attribuer leur
accroissement ou leur déclin; je vais maintenant
examiner les choses comme elles se présentent dans
les galeries du palais, en commençant par les expositions de moindre importance.

L'Inde anglaise n'a que deux représentants; il est
vrai que le rang et la richesse compensent ce qui

manque du côté du nombre. L'un est le roi de Burma, qui nous offre les échantillons variés des étoffes sorties de ses manufactures. C'est déroger ; mais l'Asie est sans préjugés, et le commerce s'y trouve en bonnes mains, témoin le second exposant, la compagnie des Indes, qui est de beaucoup au-dessus des rois indiens, puisque c'est elle qui les fait et les défait avec aussi peu de gêne que de respect. La compagnie des Indes apporte à toutes les expositions une bonne grâce qui n'a d'égale que sa magnificence. Elle n'a pourtant ni médailles à attendre ni rubans à espérer ; elle en donnerait plutôt. Elle ne court pas non plus après la clientèle ; la sienne comprend cent vingt millions de sujets médiats ou immédiats que la couronne anglaise lui a livrés corps et âme, et s'étend à tous les marchés de l'univers en raison des priviléges exclusifs dont elle jouit. Il faut savoir gré à la compagnie des Indes de rester affable dans la puissance et modérée dans la grandeur. Elle a bien voulu traiter la France en alliée et recommencer pour elle, non sans dommages ni frais, l'exhibition qui avait étonné et charmé l'Angleterre. Nous avons donc revu, à côté des gracieuses frivolités de l'art hindou, cette collection de tissus de soie qui est un titre plus sérieux et une expression plus réelle de son génie. Rien n'y manque, et l'œil en est ébloui. Ce ne sont qu'écharpes et fichus de mille couleurs, mouchoirs de bayadères à petits carreaux d'un rouge tendre, quadrillés d'argent et de nuances si vives et si multipliées qu'on les dirait empruntées aux ailes de papillons, tapis de table émaillés de fleurs, étoffes pour robes ou pour tentures, selles en velours, manteaux brochés ou façonnés, de la forme la plus curieuse et du dessin le plus hardi. Qui veut connaître l'Inde doit l'étudier là; il s'y fera, mieux que dans les livres, une idée de cette civilisation efféminée qui l'a mise à la merci de toutes les conquêtes et de tous les conquérants, depuis Bacchus jusqu'à lord Clive et à lord Wellesley.

Le Portugal a fait un effort dont il faut lui savoir gré : il a quatre exposants avec des gros de Naples, des damas, des tissus pour robes et pour ameublements, des velours, des satins et quelques mouchoirs de soie plus particulièrement empreints du goût local. L'Espagne reproduit les mêmes articles sur une plus grande échelle ; elle a vingt exposants. C'est Barcelone qui a fait tous les frais; Valence manque et laisse une lacune; il y a eu là sans doute une jalousie de voisinage et un petit dépit de famille. Nous y perdons un terme de comparaison et une occasion de juger laquelle des provinces manufacturières de la Péninsule est dans la meilleure voie. Les objets que Barcelone a envoyés ne sont pas sans mérite et portent le cachet du pays. Il y a, entre autres, des châles de satin qui, pour la forme, les dessins et les couleurs, sont en merveilleux accord avec les épaules auxquelles ils sont destinés, des bretelles et des jarretières en soie d'un luxe qui ne nous est pas familier, des mantilles de fantaisie, des chenilles, des rubans de velours et des coiffures qui font rêver à l'Andalousie. A tout prendre, cette obéissance à des coutumes nationales vaut mieux que de mauvaises imitations; l'œil y gagne et l'art échappe à l'uniformité. Si l'on excepte quelques magasins de modes, il n'y a nul avantage à ce que le chapeau français fasse le tour du monde, comme il en prend le chemin.

On n'accusera pas le pays levantin de sacrifier à l'épidémie régnante. Ce qu'on en voit à l'exposition prouve qu'il entend rester ce qu'il a été, conforme à lui-même et ne se réglant pas sur autrui. Tunis est toujours Tunis dans ses mouchoirs lamés ou brodés d'argent, dans ses *sefsaris*, dans ses *gandouras* légers comme des toiles d'araignée, dans ses couvertures brochées et ornées comme en comporte le

climat. Tripoli ne déroge pas non plus dans ses
étoffes de soie et or ou tissées avec les soies de Crète ;
l'Égypte obéit au même sentiment en multipliant
les soieries rayées, qui ont été et sont encore le caprice des harems et la matière employée dans les
beaux cafétans. Ces trois États ont d'ailleurs des
exposants de qualité, le gouverneur de la province
pour Tripoli, le bey pour Tunis, et pour l'Égypte
le pacha; avec les rois et la compagnie des Indes,
c'est presque un congrès de souverains. Là malheureusement s'est borné le contingent des provinces
turques; les plus florissantes, les plus habiles dans
l'art de tisser et de nuancer la soie sont absentes
du concours. Rien de la Turquie d'Europe, rien de
la Turquie d'Asie ; ni Constantinople, ni Andrinople;
ni Smyrne, ni Brousse n'ont envoyé de produits.
Est-ce négligence ou préoccupation de la guerre ?
Le vide est fâcheux dans tous les cas et n'est pas justifié par un simple retard : le concert devrait être
plus grand lorsque les drapeaux se confondent. La
Grèce s'est montrée moins sourde à l'appel : elle est
représentée par de beaux noms. Sparte expose des
tissus de soie pour chemises ; les religieuses du mo-
nastère de Saint-Constantin en exposent aussi ; Hydra
a des écharpes bleues et jaunes rayées d'argent,

d'autres rouges avec des raies d'or, Cumi des essuie-
mains et des ceintures d'une exécution originale.
C'est bien l'Orient, et on le retrouve jusque dans
ces moustiquaires dont l'usage ne s'étend pas au
delà d'un certain degré de latitude.

L'exposition des États sardes, si riche en soie
gréges et ouvrées, laisse beaucoup à désirer du côté
des soieries. Gênes n'y a que des colifichets, des
plumetis, un coussin brodé d'or et de soie, mais
rien en étoffes, rien surtout dans les velours, qui
constituent son véritable titre. Turin a quelques
velours d'une bonne exécution et qui font honneur à MM. Chichizola, et des passementeries d'or,
d'argent et de soie. En somme, ce n'est pas là une
expression sérieuse de la fabrication locale : cinq
ou six exposants à peine, et de produits de fantaisie
ou d'un emploi restreint ! L'Autriche s'est montrée
plus généreuse ou plus courageuse, comme on voudra. Vienne seule a quarante exposants, et offre un
assortiment complet dans tous les genres, velours,
rubans de velours et de soie, fichus de chenille,
peluches, tissus brochés, façonnés, quadrillés, unis,
tulles de soie, damas, ornements d'église, écharpes, foulards, satins, étoffes pour ameublement,
pour robes, pour gilets ou cravates, même des por-

traits de souverains reproduits avec plus ou moins
de bonheur. Par le nombre des concurrents et la variété des objets, on peut juger de l'essor tout récent
qu'a pris cette industrie. Avec moins de confiance
dans ses forces, Lyon aurait à s'en préoccuper. On
le copie, et c'est un honneur; on lui emprunte ses
dessins, et c'est un hommage rendu au goût français; mais cet honneur et cet hommage pourraient,
si on le pousse trop loin, devenir un souci et un
danger. Il y a des fabricants, comme MM. Charles
Moring pour les rubans et MM. Reichert pour les
tissus, qui en sont arrivés à un degré de perfection
réelle, et peuvent se présenter sur les marchés de l'é-
tranger dans les conditions d'une rivalité sérieuse.

Plus que Lyon, le Zollverein aurait sujet d'en
prendre quelque alarme : ce sont là pour lui des
concurrents plus directs, plus contigus et qui le
serrent de plus près. Son exposition prouve qu'il
n'entend pas se laisser devancer; elle se compose à
peu près des mêmes articles, et compte cinquante-
deux noms, dont quelques-uns haut placés dans
l'industrie, comme MM. Diergardt pour les velours,
et MM. Scheibler pour les étoffes. D'autres manquent,
et leur absence a été remarquée, — par exemple,
MM. Simons, Vanderleyer, Bœdinghaussen et Van-

Bruck. Peut-être faudrait-il attribuer le fait aux om-
brages de la politique, si déjà, à l'exposition de
Londres, le Zollverein n'avait montré la même défiance et la même hésitation. Il y a donc lieu d'en
chercher ailleurs le motif, et c'est le cas de se demander comment des manufacturiers éminents se
tiennent à l'écart de solennités semblables. La
Prusse et ses soieries ne sont pas seules en cause;
partout il y a eu des abstentions et pour tous les produits. A quoi cela tient-il? A des préventions et à
des calculs. Chez ceux-ci c'est fierté, chez ceux-là
défiance : les uns, sentant leur force, assurés de
leur vente, ne voient point d'avantage à briguer ce
certificat public; les autres y redoutent un piége et
s'imaginent qu'à se mettre au grand jour on leur
dérobera leur secret. Les timorés répugnent à mêler
leurs noms aux intrigues inséparables d'un tel concours et veulent s'épargner le souci et les dépenses
qu'il entraîne. A ces motifs peu graves se joignent
aussi des motifs plus sérieux. Les manufacturiers
consciencieux qui se présentent avec leur fabrication courante craignent, non sans quelque fondement, de se trouver en présence des produits d'apparat et de travaux de laboratoire. Enfin, il en est
qui regardent comme au moins suspectes la compé-

tence des juges et surtout celle des curieux, et préfèrent demeurer à l'abri des faux jugements, des suffrages surpris et des appréciations superficielles.

Si le Zollverein s'est un peu effacé, la Suisse a donné avec toutes ses forces. On sent là une vigueur, une séve qui ne demandent qu'à se produire. Les cantons ont fourni 89 exposants; Zurich en a 47, Bâle 24, Argovie 4, Saint-Gall, Underwald, Berne, les Grisons, chacun 1. Pour les genres, il y a, on l'a vu, deux groupes distincts; Bâle tisse les rubans, Zurich les étoffes. Point de prétentions aux grands effets ni aux dispositions coûteuses; c'est au bon marché que cette fabrication vise. Des façons simples, le mélange intelligent de matières économiques comme la bourre de soie, et par-dessus tout une exécution régulière et suivie, voilà ce qui distingue cette collection, l'une des plus intéressantes sans contredit que l'on puisse visiter aux Champs-Élysées. Pour la bien apprécier, il n'y manque qu'une chose, c'est la mention des prix en regard des coupons; on verrait alors jusqu'où peut descendre le coût d'un objet de luxe lorsqu'il est traité avec cette conscience et cette sûreté de moyens. Une autre remarque à faire, c'est qu'une sorte d'égalité règne dans cette manufacture de républicains; on

dirait que les mœurs du pays répugnent à ce qui
s'élève et là comme ailleurs maintiennent le niveau. Cependant il y a quelques noms à distinguer,
ceux de MM. Baumann, Bischoff, Ryffel et Schwar-
zenbach pour les tissus de soie unis, rayés, à carreaux, lisses, croisés ou satinés, — ceux de MM. Bary,
Frayyogel, Richter, Sarasin, Soller et Sulger pour
les rubans unis ou façonnés, ou de satin écru fait
avec la soie grége.

Avec la Grande-Bretagne, les procédés changent
et les proportions aussi; aux ateliers de campagne
succèdent les ateliers mécaniques. Sur les trois
royaumes, deux ont fait défaut, l'Irlande et l'Écosse;
l'Angleterre seule a donné, et en apparence elle n'a
mis que peu de forces en ligne. Comme noms isolés, elle est réduite à vingt-cinq exposants; mais
elle a une réserve qui vaut une armée ; c'est le comité de Manchester, représentant soixante fabricants
anonymes du district de Manchester et de Salford.
Ni la variété ni la richesse ne manquent à cette exposition; elle réunit tous les genres et porte l'empreinte d'un travail puissant. Il y a de beaux velours, des damas bien faits, des brocatelles traitées
avec soin, des tissus pour robes, pour meubles et
pour cravates, des satins pour gilets, des étoffes

façonnées et brochées, où l'on trouverait peu à reprendre comme exécution matérielle. Il y a surtout une abondance de foulards, les uns tissés et imprimés en Angleterre, les autres venant de l'Inde et dont l'impression seule est anglaise. Ce qui manque à tout cela, c'est un je ne sais quoi plus aisé à sentir qu'à définir, c'est la manière, c'est le goût, l'harmonie des couleurs, le choix des dessins, la disposition générale. Où en serions-nous, hélas ! si à côté de tant d'éléments de force l'Angleterre n'avait aussi ses points vulnérables? Avec ses soies du Bengale d'un prix si réduit et affranchies de tout droit, ses vastes établissements où les frais généraux s'absorbent pour ainsi dire dans la puissance de la production, ses relations ouvertes sur tous les marchés du globe, son activité infatigable, ses inépuisables ressources, ce génie du commerce qu'elle pousse si loin, cette soif de domination qui inspire tous ses actes et lui a valu une partie de sa grandeur, elle nous aurait bientôt enlevé ce beau fleuron industriel, le seul peut-être de notre couronne qui soit à l'abri de ses atteintes. Rien ne lui coûte quand il s'agit d'arriver. Déjà Coventry menace Saint-Étienne avec ses rubans; Manchester et Spitalfields essayent de se mesurer avec Lyon, et il semble que les dis-

lances soient diminuées, témoin les essais heureux
de MM. Winkworth et Procter, de Manchester, qui
sont au nombre des exposants, et ceux de MM. Stone
et Kemp, de Spitalfields, qu'on regrette de ne pas
voir parmi eux.

Lyon! Lyon! c'était le cri de l'exposition de Londres, c'est aussi celui de l'exposition de Paris. En
passant dans ces galeries où chaque pièce d'étoffe
arrête le regard et le remplit d'étonnement, on se
sent plus rassuré contre les rivalités étrangères.
Non, il n'y a point de peuple au monde capable de
réunir à ce point la richesse de la matière à la perfection du travail. De longtemps on ne verra un
trophée industriel plus glorieux que celui de ces
robes de cour et de soirée qui représentent les plus
grandes difficultés vaincues en même temps que les
effets de dessin les plus heureux et les plus délicats.
Il est impossible d'arriver, dans la série des étoffes
façonnées, dans les tentures, dans les décorations
d'appartement, à une beauté plus naturelle et plus
grandiose, à une plus merveilleuse entente des couleurs. Rien ne pèche, rien ne jure, tout porte le
cachet d'un art qui se possède jusque dans ses hardiesses, d'un goût réfléchi et sûr de sa puissance,
de ce sentiment de l'harmonie et de la forme sans

lequel n'y a point d'œuvres vraiment achevées. —
Que ces brocarts sont riches et ces satins éclatants!
Quelle magnificence dans ces ornements d'église!
— L'œil se trouble entre tant d'articles et des genres
si divers! Il ne sait qu'admirer le plus, de ces velours d'un aspect sérieux, de ces moires de toutes
les combinaisons et de toutes les nuances, de ces
taffetas, de ces foulards qui gardent une certaine
constance dans leur variété, — ou bien de ces articles de grande nouveauté qui ont à peine la durée
d'une fleur et en ont tout l'éclat, où Lyon est sans
pair et où à chaque saison il se surpasse lui-
même, ou bien encore de ces rubans de Saint-Étienne,
la succursale de Lyon et qu'on n'en saurait séparer,
— rubans dont les dispositions vont à l'infini et qui
dans leurs bandes étroites renferment tant de merveilles, si frais, si purs, si délicats qu'on retiendrait
son souffle de peur de les faner, et qui pourtant ont
été tissés, sous un ciel bien noir et dans une atmosphère bien chargée de fumerons, par des mains
qui ne sont pas celles des petites maîtresses.

Ici encore, comme pour la soie, il n'y a qu'à comparer, qu'à mettre l'étranger et la France en présence, à rapprocher ce qu'il produit et ce qu'elle
crée. A l'instant on reconnaît la distance qui sépare

le maître de l'élève, l'artiste original de celui qui
copie. On n'a, par exemple, qu'à examiner nos sujets imitant la gravure en taille-douce et les sujets
analogues que nous ont envoyés l'Angleterre et
l'Allemagne ; l'effet en est frappant pour l'œil le
moins exercé. Point de taches, point de ton faux
dans l'exécution française ; on prendrait le tissu
pour une gravure estimée. Dans l'exécution étrangère, il y a toujours de mauvais coups de navette,
des parties qui déparent et où la main se trahit.
Même contraste dans ces articles de haute nouveauté
où l'inspiration domine et qui perdent dans le plagiat une partie de leur charme et de leur caractère.
Puisqu'il en est ainsi, laissons faire l'imitation ; elle
a moins de périls qu'on ne le dit et qu'on ne semble
le craindre. La France manufacturière est assez
forte pour la supporter sans en souffrir, et elle gar-
dera l'honneur d'être pour les industries de luxe
le laboratoire et l'atelier d'échantillons du monde
entier. On copie ses dessins au dehors ; mais on les
copie, comme on parle sa langue, avec un accent
étranger. Il y a d'ailleurs un autre point où l'imitation échoue : c'est l'exécution, c'est l'art du mon-
tage, où nos ouvriers sont incomparables et où ils
trouvent, sur le métier même, des effets inattendus.

Grands artistes que ces ouvriers, et comment les oublier quand on parle des merveilles qu'ils créent! C'est de leurs rangs qu'est sorti cet homme de génie à qui l'industrie des soies doit sa plus grande et sa plus féconde révolution, Jacquard, qui vécut et mourut pauvre après avoir enrichi sa patrie et le monde; c'est là que se rencontrent encore de loin en loin des hommes désintéressés et ingénieux comme M. Roussy, auteur de dix perfectionnements pour lesquels il n'a pas même pris de brevet. Ouvriers méritants et qu'on dépeint si terribles! le goût qui les anime a survécu à tout, à l'esprit de secte, aux ravages de la guerre civile, aux révolutions de la mode et à celles de la politique! Il y a un concert mystérieux entre les innombrables mains qui concourent, souvent sans se connaître, à la confection de ces admirables tissus. Dessinateurs, ourdisseurs, apprêteurs, teinturiers, tous se prêtent sans effort et presque sans méthode un mutuel appui. C'est leur instinct, c'est leur nature; ils font des chefs-d'œuvre comme on ferait ailleurs des choses vulgaires, sans effort et sans avoir la conscience de leur supériorité.

L'exposition des soieries est aussi remarquable par le nombre des fabricants qui ont concouru que par le choix des articles présentés au concours. Lyon seul a 120 exposants. Saint-Étienne, qui s'est abstenu à Londres, en a 54. A ces chiffres, et pour les compléter, il faut ajouter Paris, qui a 16 exposants; Tours, qui en a 3; Nîmes, qui s'est montré bien modeste et n'en a que 2; la Moselle, qui en compte 7 ou 8 pour les peluches, enfin d'autres villes de moindre importance et qui ne dépassent guère l'unité. Qui choisir au milieu de cette légion si vaillante et si éprouvée? A quoi bon répéter des noms qui sont dans toutes les bouches, couronnés dans toutes les expositions, connus de tout ce qui achète, expédie, vend et porte de la soie : pour les étoffes de nouveauté MM. Schultz, Champagne, Godemard et Meynier, pour les satins de couleur Heckel, pour les satins noirs Bellon, pour les étoffes à gilets Fontaine et Balleydier, pour les ornements d'église Lemire et Yemenitz, pour les ameublements Grand frères, pour les crêpes et foulards de soie Durand, pour les robes Croizat, pour les velours de couleur Blache; puis, en d'autres genres, Gindre, Potton, Mathevon et Bouvard. Telle est la part de Lyon; celle de Saint-Étienne n'est pas moindre. Ce sont, pour les rubans de nouveauté, MM. Crepet et Granger, Barlet et Belingard, Collard et Comte, et dans les rubans courants Barlet et compagnie, Colcombet et Grangier de Saint-Chamond. Encore n'est-ce là qu'une faible part de ce qui mériterait une mention. Lyon est un être collectif dont on ne peut sans inconvénient briser et décomposer l'ensemble. Il y. a pourtant dans son exposition une exposition à part, des plus modestes en apparence et à côté de laquelle les curieux passent sans s'y arrêter : c'est celle des peluches de Tarare. Naguère la Prusse rhénane régnait sans partage dans cet article, important à coup sûr, puisqu'il défraie, pour la plus grande part, la fabrication des chapeaux d'hommes. Crefeld et Elberfeld en fournissaient au monde entier, même à la France. Pour lui enlever ce privilége, il a fallu beaucoup d'essais, beaucoup de tâtonnements. La Moselle a lutté d'abord, et non sans succès, avec des ateliers disséminés dans la campagne; mais l'honneur de vaincre et de faire capituler les fabriques du Rhin devait revenir à Tarare et au magnifique établissement qu'y ont fondé MM. J.-B. et P. Martin et Casimir. Deux perfectionnements ont suffi pour nous rendre l'empire, — la supériorité du noir et le métier à double pièce, qui a diminué de moitié le prix de la main-d'œuvre. Aujourd'hui non-seulement la France reste maîtresse, sur son terrain, mais elle domine au dehors, et fournit des peluches à la Prusse elle-même. La Moselle a conservé ses clients, et Tarare est sans rivale sur les marchés de l'Angleterre et de l'Amérique du Nord ; toutes les chapelleries connaissent et recherchent ses produits. Son seul établissement livre à l'exportation une valeur de six millions de francs.

Quand on parle d'industrie de luxe, il serait injuste et ingrat d'oublier Paris. Si Lyon est le foyer de la soierie, Paris en est l'arbitre ; ce que Lyon exécute, c'est Paris qui le conseille et le règle ; le sentiment du goût en émane et y aboutit. Paris d'ailleurs a, dans le tissage des soies, des fabrications qui lui sont propres, et que Lyon ne surpasse pas. Tels sont les articles où la soie grége entre comme principal élément et dont on remarque à l'exposition des échantillons si distingués. Il est impossible de passer sans être émerveillé devant ces magnifiques impressions où la perfection du tissage fait disparaître jusqu'à l'entrelacement des fils et que relèvent à la fois le choix des dessins et l'éclat des couleurs. A côté d'articles anciens et d'une vogue constante, comme les tissus pour robes et châles, les baréges, les tarlatanes, figurent des détails tout nouveaux, comme ces franges rebouclées

au tissage, ces tissus à double chaîne pour produire
des façonnés à fond plus net et plus pur, les étoffes
avec impressions en or, les bourses de soie tirées à
poil, enfin les foulards avec effets de tissage et d'impression combinés. Bien des noms se présentent ici,
et dans le nombre ceux de fabricants qui comptent
d'anciens succès et savent s'en préparer de nouveaux.

Est-ce à dire que tout soit fait pour notre industrie des soieries et qu'il ne lui reste plus qu'à s'endormir sur sa moisson de lauriers? Tel n'est point
le sentiment qui y règne; telle n'est point l'opinion
qu'on a d'elle. Si belles que soient ses destinées, elle
a la conscience de destinées plus belles encore; elle
y aspire, elle y tend. Le premier travail qu'elle ait
à opérer sur elle-même; c'est la modification pru-
dente de sa constitution intérieure. Aux avantages
qu'elle possède et qui tiennent à son génie il faut
qu'elle ajoute ceux qui lui manquent et qui sont à
sa disposition quand elle les poursuivra sérieuse-
ment. Si l'Angleterre ne peut lui ravir ni son goût,
ni son art, ni le secret de ses teintures, où des savants comme M. Chevreul ont porté le flambeau de
l'observation, elle peut emprunter à l'Angleterre
l'emploi des métiers mécaniques et l'exploitation sur

une grande échelle, qui sont les éléments du bon
marché. Lyon en est encore à l'atelier domestique,
à l'atelier de famille, et c'est là une organisation
rudimentaire qui laisse l'ouvrier à la merci des in-
termittences du travail et de la fluctuation des commandes. La grande fabrique peut seule mettre un
terme à cet état abusif; elle enchaîne le manufacturier et garantit mieux l'ouvrier du chômage; elle
assure et élève le sort de l'un et de l'autre par
l'extension des débouchés, qui accompagne une
fabrication plus économique. Elle est dans la force
des choses et dans les nécessités de la situation en
présence des rivalités extérieures, qui, désarmées
pour ce qui tient aux articles de prix, poursuivent
une revanche dans les voies du rabais. Ce sera une
révolution pacifique et plus féconde à coup sûr que
les révolutions politiques ou sociales dont Lyon a
été si souvent le théâtre et qui lui ont si peu profité.

LES OBJETS A BON MARCHÉ.

La vie est dure pour les ménages modestes, et le renchérissement des denrées leur impose de lourdes privations. Il faut s'y résigner ; c'est la nature qui sévit ; elle nous éprouve, elle nous traite en marâtre. Ce que les maladies mystérieuses consentent à épargner, les intempéries l'achèvent. Des produits du sol, les uns, comme la pomme de terre et la vigne, sont attaqués dans leur germe ; les autres, comme les céréales et les huiles, sont atteints dans leur fécondité ordinaire, si bien que tout manque à la fois, qualité et quantité et dans presque tous les genres de culture. De là une gêne, une difficulté de vivre sensibles de plus en plus et où chacun, gouvernement et individus, doit mettre du sien. Peu à peu les objets de première nécessité deviennent des consommations de luxe; et, si l'on y ajoute le haut prix des loyers, on verra que, pour beaucoup, c'est un problème que de savoir où se loger et comment se nourrir.

Il est naturel, dans des épreuves semblables, de songer d'abord aux classes qui vivent des métiers manuels, là surtout où la souffrance est plus vive, si la plainte l'est moins. Plusieurs de nos provinces sont dans ce cas. Quant à Paris, le travail y abonde et les salaires y sont élevés. Un homme à qui ces recherches reviennent de droit et qui a présidé avec tant d'autorité à l'enquête de la chambre de commerce, M. Horace Say, constatait récemment que le prix des journées s'est accru dans presque tous nos corps d'état précisément d'une quotité égale à la hausse des loyers et des denrées, de sorte que les conditions d'existence sont restées les mêmes autour de nous, sans s'améliorer ni empirer. Il est également de notoriété que, dans un rayon assez vaste, les travaux de la campagne ont été rétribués d'une manière très-libérale et tout à fait inusitée; d'où l'on peut conclure que, pour ces classes si dignes d'intérêt, la crise actuelle ne se passera pas sans adoucissement.

Mais il est d'autres classes sur lesquelles il est

moins ordinaire de s'apitoyer et qui n'ont pas, pour plaider leur cause, des avocats toujours éveillés et toujours ardents. Je veux parler des personnes qui ont un revenu fixe et borné, sans aucune chance d'augmentation. A peine songe-t-on à elles, et le nombre en est grand. Employés du gouvernement et du commerce, petits rentiers, petits capitalistes, petits propriétaires, pensionnaires de l'État ou des communes, militaires en retraite, tout ce qui en est réduit à compter strictement, denier à denier, afin d'arriver au bout de l'an à une balance exacte entre la recette et les dépenses, voilà où le renchérissement étend ses douloureux effets et où l'on trouverait, en y regardant de près, l'exemple des privations noblement supportées. Point de ressources accessoires, point d'élévation de salaire en présence de la hausse des denrées ; c'est sur des besoins même qu'il faut faire la part de la difficulté des temps. Sans compter que ces classes ont plus de devoirs de position que les ouvriers, et souvent avec des revenus moindres sont astreintes à de bien autres nécessités de tenue.

C'est donc un devoir pour ceux qui, par le conseil ou par l'action, peuvent exercer de l'influence ou répandre quelque clarté sur ces matières déli-

cates que d'apporter leur concours dans l'œuvre
du soulagement commun. Les rigueurs de la nature ont été pour beaucoup dans l'avancement des
arts : tantôt elles ont ruiné de faux systèmes, tantôt
elles ont amené des découvertes et des perfectionnements. L'homme-s'est ainsi élevé par la douleur
et par la lutte, et ses conquêtes lui ont été d'autant
plus chères qu'elles lui ont plus coûté. Même au
sein d'une civilisation raffinée, cette condition ne
change pas ; les besoins s'accroissent en raison des
ressources, et toute aisance est au prix d'un effort.

· Plus on réfléchit à ces faits, les uns constants, les
autres passagers, plus on se convainc que l'objet à
poursuivre, dans l'intérêt commun, est moins l'équilibre ingénieux que l'abaissement du prix des choses.'
Un renchérissement, tout le monde en souffre et on
le voit bien ; un rabais, tout le monde en profite et
d'après la stricte équité, tandis que des industries
ou des groupes d'industries recueillent seuls les avantages de toute combinaison qui a pour effet d'a-
moindrir la concurrence intérieure par le monopole
ou la concurrence étrangère par l'exclusion. Si la
toile se paye vingt sous de moins, c'est un bénéfice
clair pour tous ceux qui en achètent, et il n'y a pas
de grands raisonnements à faire pour cela ; si elle,

se.paye vingt sous de plus, il faudra un certain effort d'esprit pour expliquer dans quelles poches tombent ces vingt sous, comment une part sert à encourager le fabricant, l'autre à maintenir l'activité du travail national et que ce sont là des sacrifices utiles et dignes d'un peuple prévoyant. J'ai toujours admiré, pour ma part, le talent qui s'est dépensé dans ces controverses, en regrettant qu'il n'en fût pas fait un meilleur emploi.

Le bon marché, voilà qui est plus simple, voilà qui est plus franc, voilà qui répond à l'idée qu'on s'en fait, au sentiment, à l'intérêt de tous, et n'est pas un déguisement de l'intérêt particulier. Le bon marché, il est temps de s'y attacher comme à la seule doctrine salutaire, à la loi la mieux vérifiée, à celle qui trompe le moins. Aujourd'hui surtout il n'y a plus à choisir entre des systèmes; la nécessité parle trop haut. C'est ce qu'a compris le gouvernement en abaissant ou en supprimant les droits à l'entrée sur les articles de grande consommation, blés, viandes, vins et huiles, c'est ce qu'a compris la commission impériale en ouvrant une exposition des produits à bon marché.

Il y avait deux manières de concevoir et de former cette exposition. La première eût répondu au vœu secret de personnes avisées qui ne voient le salut du pays que dans la prospérité de leurs fabriques ; c'eût été de n'admettre à cette exposition que des produits d'origine française. Au fond, rien de plus logique : dès que nos consommateurs en sont réduits là et que notre régime économique leur interdit de porter leurs préférences ailleurs, il semblerait naturel de ne pas leur donner le goût des jouissances interdites et de leur épargner un supplice renouvelé de l'enfer païen. Mais, ainsi entendue, une exposition des produits à bon marché n'aurait rien eu de sérieux. C'eût été, pour employer un mot vulgaire et expressif, le triomphe de la camelotte. Aussi la commission est-elle allée plus loin : elle a pris deux décisions très-importantes ; l'une, que ce concours serait ouvert aux produits étrangers ; l'autre, nous dit-on, qu'il serait permanent. Même quand la grande Exposition sera close, cette exposition partielle restera comme type et comme moyen de comparaison ; absentes ou présentes, nous continuerons à sentir le pouls des industries rivales. C'est là un grand pas de fait, et il faut savoir gré, même de l'intention, à ceux qui ont osé le faire, en dépit de résistances bien connues.

Je dis l'intention, et c'est à dessein ; il est encore

permis de douter que l'effet y réponde; il n'y ré-
pondra, dans tous les cas, qu'au prix d'une grande
persévérance et d'une grande force de volonté.
Parmi les fabricants, beaucoup y mettront de la
mauvaise grâce et cette puissance d'inertie devant
laquelle échouent tant de bonnes résolutions. Déjà
il est facile de s'en assurer, cette exposition n'est
pas ce qu'elle pourrait, ce qu'elle devrait être.
Comme local, on l'a tenue un peu à l'écart et fort à
l'étroit; probablement on n'a pu mieux faire. Comme
composition, il n'y a là que le germe d'une bonne
pensée et une sorte d'engagement vis-à-vis du public. Mais pour que cet engagement tienne et que ce
germe aboutisse, il faut avoir un programme arrêté,
des nomenclatures précises, le désir et les moyens
de mettre sincèrement en regard les produits étrangers et les nôtres, de façon à ce que l'œil le moins
exercé puisse les comparer entre eux au double point
de vue de la qualité et des prix et dans toute la sphère
des consommations usuelles.

Quelle belle expérience que celle-là si elle était
faite avec franchise et si les parties intéressées y ré-
sistaient moins! Je suis convaincu que la grande
majorité de nos industries y gagnerait de se mieux
connaître, de se mieux apprécier, de moins dou-

ter d'elles-mêmes ; je suis convaincu que l'impression la plus immédiate serait un certain étonnement de voir combien sont peu nombreuses celles qui supportent avec peine le rapprochement et sont hors d'état de soutenir la lutte. On s'y guérirait du mal de la peur, si funeste et si contagieux, de ce mal qui enlève aux facultés leur ressort et à l'esprit sa liberté. On y apprendrait à voir en face ce danger, exagéré à dessein, et qui est beaucoup plus dans les imaginations que dans le domaine des réalités. On ne se battrait plus dans les ténèbres et contre des fantômes ; on aurait le soleil, la lumière et tous les avantages d'un engagement à ciel ouvert. Et, si réellement quelques-unes de nos fabrications sont en retard, au lieu de trembler de tous leurs membres, comme elles le font, elles prendraient leur parti en braves et acquerraient, en allant au feu, la vigueur et la solidité qui leur manquent.

Que la commission persiste donc et ne laisse pas les choses à mi-chemin. S'il n'est pas temps encore d'abaisser toutes les barrières, il est temps que la clarté se fasse et qu'on sache au juste ce qu'il y a d'incompatible, en matière d'industrie, entre l'étranger et nous. Ce n'est qu'une enquête, mais qu'elle ait du moins un caractère sérieux et n'avorte pas, comme celles qui l'ont précédée, devant des hostilités déclarées ou des oppositions sournoises.

Nous voici donc dans la galerie des produits à bon marché ou d'économie domestique, comme on la nomme officiellement. Le mot est modeste et par lui-même ne saurait éveiller de susceptibilités ; cependant il suffit comme cadre, et doit comprendre, aux termes du programme, tout ce qui sert à l'aliment, au vêtement, au logement et à l'ameublement. C'est assez pour que la plus grande partie des industries y entre ; quelques-unes l'ont fait, le temps et l'exemple entraîneront les autres. Aucune n'en est exclue, à deux conditions toutefois : la première, c'est que les prix seront sincèrement déclarés ; la seconde, que le rabais ne couvrira pas des défectuosités intrinsèques. Le bon marché, en effet, n'est pas un terme absolu ; il doit correspondre à la qualité des choses, à leur destination et à leur emploi.

. Ce qui frappe d'abord, en entrant dans la galerie, ce sont les draps ; ils en occupent tout un côté, et méritent qu'on s'y arrête. Nous retrouvons là nos grandes fabriques du Midi, depuis longtemps en possession du marché intérieur et des débouchés du Levant, Lodève, Saint-Chinian, Castres, Clermont-l'Hérault, Bédarieux, Saint-Affrique. Les échantil-

lons qu'exposent ces villes ne sont point indignes
de leur vieille réputation, et, entre 5 fr. et 10 fr. le
mètre, elles offrent des étoffes assorties qui ont leur
mérite particulier. Bischwiller a aussi ses draps
unis, Elbeuf ses draps de fantaisie, les uns entre
7 fr. et 7 fr. 50 c. le mètre, les autres entre 9 fr. et
10 fr. Dans les sortes plus communes figurent Mire-
poix, avec des draps à 4 fr. 50 c. le mètre, Louviers,
4 fr. 25 c., et Beaumotte-lez-Montbazon, 3 fr. 68 c.,
l'échelle des qualités descendant avec celle des prix.
Mais de toutes ces fabrications aucune n'a marché
d'un pas plus ferme que celle de Vire, dont les montres fixent l'attention des connaisseurs. Si les prix
s'y tiennent un peu haut, entre 8 fr. 50 c. et 11 fr.,
l'étoffe ne laisse rien à désirer ni pour la confection
ni pour les nuances. On a vraiment, dans ces limites, de beaux et bons draps, d'un usage courant
et qui peuvent soutenir la comparaison avec les
draps analogues de la Belgique, de l'Angleterre et
de l'Allemagne.

Où en sont ceux-ci? Quelle figure font-ils dans
cette exposition des produits à bon marché? Je le
dis à regret, ils n'y occupent point encore la place
qu'ils devraient y occuper. Un compartiment étroit
et incomplet leur est affecté, et, sauf un petit nombre

d'exceptions, les grandes fabriques manquent à l'appel. Ainsi point de draps belges, et pourtant, sans aller bien loin, on pourrait trouver dans les vitrines de MM. Biolley, Charles Weber et autres des étoffes entre 5 fr. et 10 fr. le mètre qui semblent parfaitement adaptées à ce concours spécial et y apporteraient un précieux élément. Même vide pour l'Angleterre, dont la draperie économique n'est représentée que par quelques pièces fournies par le comité de Leeds et composant un assortiment succinct dans presque toutes les nuances, dont les prix varient entre 4 fr. et 7 fr. le mètre. Le comité de Manchester a aussi exposé des velours de coton d'une exécution remarquable et d'un bon marché surprenant. Ce sont des tissus très-solides, très-chauds et de la plus grande largeur, connus sous le nom de *cordiroys*, les uns unis, les autres à côtes, de dessins et de couleurs variés, et qui ne coûtent que 1 fr. 65 c., 1 fr. 75 c. et 2 fr. 5 c. le mètre. Avec 10 ou 12 fr. on a un vêtement complet, d'un usage excellent. Les ouvriers des mines, les gens de la campagne n'en consomment pas d'autres et se montent ainsi à peu de frais. Pourquoi ne ferions-nous pas cet emprunt à nos voisins, et ne serait-il pas possible de pousser jusque-là les bénéfices de l'alliance?

- Reste l'Allemagne; on sait quel rang tient sa draperie dans les conditions du bon marché. Ni l'Angleterre ni la Belgique ne descendent aussi bas à qualités
égales. Cependant quelques fabriques seulement
sont représentées dans la galerie. Le Wurtemberg
expose un drap olive assez beau coté 6 fr. 50 c. le
mètre; Epremberg, un drap de 7 fr. 95 c.; Peitz,
un très-beau drap de 9 fr. 40 c.; Francfort, un drap
commun de 6 fr. Plusieurs de ces coupons sont assez
mal choisis et comme de rebut, et, à vrai dire, ni
la Prusse ni la Saxe n'ont donné la mesure réelle
de leurs forces. Mais, en revanche, la Moravie a fait
avec quelques pièces de drap une sorte de révolution.
Brunn expose et offre, à raison de 6 fr. 5 c. le mètre,
un drap gros vert, d'une force et d'une finesse qui
égalent celles des plus belles étoffes. Une telle qualité, rapprochée d'un tel prix, a dû causer parmi
les personnes les plus autorisées une surprise mêlée
de quelque doute, et on est allé aux renseignements.
Le prix est sérieux, la qualité garantie. L'exposant
offre de livrer, conforme à l'échantillon, autant de
pièces que l'on voudra; il est fournisseur de l'armée
autrichienne, il a fait ses preuves et ne prendrait
pas des engagements qu'il ne pourrait tenir. Force
a donc été de se rendre à l'évidence, et de l'aveu de

tous, Anglais, Belges, Saxons et Français, c'est à la Moravie que revient la palme de la draperie économique.

Là-dessus, comme on devait s'y attendre, le débat s'est engagé. A quoi tient la supériorité de la Moravie? Les procédés de fabrication y sont les mêmes qu'en France, en Angleterre, en Belgique et en Saxe; nul avantage de ce côté. Mais sur deux points la Moravie l'emporte : la laine y est d'une qualité supérieure et toute portée; la main-d'œuvre y est de beaucoup meilleur marché que dans les autres pays de production. Pour n'établir de comparaison qu'avec la France, nous payons 22 pour 100 de droits sur la matière première (1), et les journées d'ouvriers à raison de 2 fr., 2 fr. 50 et 3 fr., suivant leur habileté. En Moravie, point de droits, et des journées de 1 fr. à 1 fr. 25 c. De là entre les deux prix de revient une différence qui tient à la nature des choses et qu'aucun effort humain ne peut supprimer. Si l'Allemagne est admise sur nos marchés, elle y fera la loi pour les draps communs, et il n'y aura plus qu'à désarmer devant elle; ce sera la ruine de nos métiers et celle des populations qui en vivent.

(1) Ces droits viennent d'être réduits.

Je n'affaiblis pas l'argument et n'en conteste pas la valeur. Cependant il y a réponse à y faire. Pour ce qui est du droit sur les laines, un trait de plume suffirait; c'est un empêchement volontaire créé par la législation et qu'une législation plus éclairée pourrait atténuer ou même anéantir. Depuis longtemps les bons esprits s'accordent à reconnaître que les droits sur les matières premières, aliment de nos grandes fabrications, ont été portés à des chiffres qui nuisent au développement de nos industries et arrêtent l'essor des exportations, même avec les primes à la sortie imaginées pour en conjurer les fâcheux effets. Si cette opinion, qui fait du chemin et tôt ou tard doit prévaloir, passe enfin dans le régime économique du pays, il sera aisé de mesurer le droit sur les laines aux nécessités de toute concurrence nouvelle, et, en ouvrant la lutte, de fournir à nos fabriques les moyens de la soutenir. Ce n'est qu'une affaire de calcul, le calcul le plus simple, un équilibre à trouver. Reste maintenant le prix des journées, et c'est là que se retranchent ceux qui ne veulent rien changer aux faits existants. Ils se prévalent de l'intérêt des ouvriers et se refusent à rendre leur condition pire. A la bonne heure! mais en un sujet aussi grave il faut s'entendre et ne pas se payer de mots. D'abord ce prix de 1 fr. pour la main-d'œuvre, fût-il bien réel, ne saurait être qu'un prix d'exception, un prix de début, destiné à s'accroître en raison de l'importance du travail et de l'affluence des commandes; la concurrence sur les lieux mêmes tendra à l'élever. Puis le salaire n'est qu'un des éléments de la condition de l'ouvrier; l'autre élément ce sont les moyens d'existence. L'essentiel pour lui, c'est de satisfaire plus de besoins avec moins de dépenses, et dans ce sens un régime qui tend à abaisser le prix des choses lui est toujours plus favorable, même avec un salaire réduit, que celui qui tend à l'aggraver, même sous l'empire d'une augmentation de salaire. Poser la question autrement, c'est tomber dans un cercle vicieux et prendre l'effet pour la cause.

Ma prétention ne saurait être de vider à fond cette querelle; elle s'est déjà produite ici et avec une grande autorité; je n'y touche qu'en passant et parce qu'elle est de mon sujet. Il ne faudrait pas en effet qu'on se méprît sur nos doctrines ni sur le sens qu'elles ont. Non, nous ne voulons apporter la souffrance à aucune classe et moins encore à celles qui y sont si fréquemment assujetties; nous voulons le soulagement et le bien-être de toutes. Si la poursuite du bon marché, à laquelle nous convions toutes les concurrences, du dedans comme du dehors, devait être achetée au prix de quelques misères, si petites, si passagères qu'elles fussent, nous serions des premiers à l'abandonner. Mais notre conviction, fondée sur l'expérience, appuyée sur les faits, est qu'il n'y a dans cette poursuite que des avantages à recueillir, qu'elle sera utile même à ceux qui la repoussent et la calomnient, qu'elle rendra à tout le monde l'existence plus facile et les besoins plus légers, qu'elles n'amènera que du bien sans mélange de mal. Notre conviction est, en ce qui touche les ouvriers, qu'un salaire, même exagéré, est à peine la réparation du tort que leur cause le renchérissement des objets nécessaires à la vie, et qu'un changement de système, conçu avec prudence, appliqué avec une fermeté et un esprit de suite qui n'excluent pas les ménagements, ne saurait avoir que d'heureux effets et faire incliner la balance à leur profit.

D'autres articles en dehors des draps figurent dans la galerie économique et méritent une mention. Parmi les objets confectionnés, il en est qui descendent à des prix dont on pourrait suspecter la sincérité, tant ils sont réduits, entre autres des gilets à 1 fr. 50 c.,

sur lesquels il faut trouver le coût de l'étoffe et de
la façon. Les exposants anglais se distinguent dans
ces rabais vraiment extraordinaires; ils ont des
couvertures en laine à 3 fr. 75 c., des bas fins et
solides à 3 fr. 75 c. la douzaine, des bas d'enfant à
40 c., des chemises de tricot à 7 fr. la douzaine,
des caleçons d'hommes à 18 fr. la douzaine, solides
et bien confectionnés. Pour les chaussures, c'est la
Prusse qui a le dessus; elle expose des bottes en
cuir excellent à 10 fr.; Tours s'en rapproche par
des souliers à vis de cuivre, sans couture, fort beaux,
presque élégants, qui ne coûtent que 5 fr. en cuir
ordinaire, 7 fr. en cuir verni, et par des brodequins
de drap fort bien traités du prix de 13 fr. Ni la
Belgique ni l'Angleterre n'ont rien d'analogue, et
il est à regretter que le midi de la France n'ait pas
envoyé quelques échantillons de ces chaussures où
il excelle et qui sont sans égales pour leur solidité.

Sur une table qui occupe le milieu de la galerie
sont rangés par étages les conserves et les produits
alimentaires. Là se trouve le gluten granulé de
MM. Véron frères, de Poitiers, qu'ils dégagent de la
fabrication de l'amidon et dont ils ont fait une substance très-nutritive au prix de 70 c. le demi-kilogramme. On y voit aussi les légumes secs de

MM. Chollet, le biscuit-bœuf et les aliments conservés sous toutes les formes. Ce sont là des procédés utiles, mais qui ne semblent ni usuels ni économiques. Que la marine, dans ses voyages de long cours, que notre armée de Crimée, en quête d'approvisionnements, y trouvent une ressource précieuse, soit; nos petits ménages ne s'en accommoderaient pas. Quelques vins blancs allemands de 25 et 30 centimes la bouteille constituent seuls une exception, et encore faudrait-il y goûter pour savoir si le bon marché n'est pas un leurre. Mais au-dessus de ces divers articles, et comme trophée, figurent des pièces de viande qui donnent à réfléchir, un gigot, un aloyau, une tranche de veau comme enveloppés d'un enduit et qui ont toutes les apparences d'une conservation parfaite. Est-ce là vraiment un procédé sûr, d'une application facile et peu coûteuse? Pourrait-on, sous cette couche transparente, sous cet apprêt si simple, conserver des viandes qui ne perdissent rien de leurs propriétés? S'il en était ainsi, la spéculation serait tout indiquée; et il est surprenant que les inventeurs n'y aient pas songé d'eux-mêmes. Il existe dans les pampas de l'Amérique du Sud des boucheries naturelles, inépuisables, où la viande est presque dénuée de valeur, où l'on abat des bœufs

par milliers en ne songeant qu'au cuir et en faisant bon marché du reste. Quel avantage n'y aurait-
il pas et pour nous et pour les propriétaires du brevet
dans des opérations qui auraient pour objet de conserver cette viande qui se perd et de la transporter
dans nos ports de mer, où elle reviendrait à peine à
4 ou 5 sous la livre! Quelque honneur qu'il y ait à
exposer des gigots d'un si bel aspect, il me semble
qu'il y en aurait un plus grand à approvisionner le
pays d'une denrée qui lui manque et serait d'un
si grand secours pour l'alimentation publique.

Il est impossible, dans un rapide aperçu, de
donner une place à tous les articles qui mériteraient
d'être signalés. Beaucoup m'ont échappé sans doute,
quelque soin que j'aie apporté à cet examen. Je
ne veux pas cependant omettre la collection de
porcelaines anglaises qu'expose M. Pratt et auprès
de laquelle la fabrique de Creil tient convenablement son rang. C'est de Creil que s'élevaient, du
vivant de M. Lebeuf, les cris d'alarme lorsqu'il
s'agissait de mettre les produits étrangers en regard des nôtres, et on se souvient, dans le monde
industriel, que la manufacture de l'Oise refusa
d'aller à Londres en 1851, pour y soutenir la comparaison. Aujourd'hui Creil s'est aguerri; s'il a re-

culé devant une campagne au dehors, il la soutient
sur son territoire et sait combattre pour ses foyers.
Le courage porte bonheur, et le travail national,
comme on se plaît à l'appeler, n'a point à rougir
de ses soupières. Non pas que l'Angleterre ait à
trembler pour les siennes, mais il y a place pour
toutes sous le soleil. L'assortiment de M. Pratt est
fort remarquable pour les qualités et pour les prix;
les sept pièces demi-toilette complète coûtent 7 fr.
en porcelaine blanche à fleurs bleues. Des assiettes
de dessert sont cotées 3 fr. 75 c. la douzaine; celles
de Creil en porcelaine blanche sont de 6 fr. Encore
un effort, et l'équilibre se rétablira. MM. Capelle-
mans, de Belgique, luttent avec les meilleures fabrications anglaises, et les égalent pour le bon
marché. Citons enfin de beaux verres de Bohême à
19 c. et des carafes à 35 c., des poteries réfractaires
du Midi, et surtout la porcelaine dure de Bayeux,
qui va au feu et ne craint aucune concurrence de la
part de l'étranger. Quelques ustensiles de ménage
sont également à signaler, entre autres une cuisine
portative en fer qu'expose un fabricant de Lyon
et qu'il offre à 38 fr., prise sur les lieux.

Telle est cette Exposition, à quelques détails
près. Si maintenant on voulait y mettre de la ri-

gueur, il serait aisé d'indiquer par où elle pèche et quelles en sont les lacunes. Parmi les industries qui y sont représentées, l'absence des grands établissements est sensible, et enlève à une étude comparative ses meilleurs et ses plus fructueux éléments. D'autres industries, et des plus essentielles, font complétement défaut. Ainsi les toiles peintes, dans les conditions du bon marché, manquent absolument ; ni l'Alsace, ni la Normandie, ni l'Angleterre, ni la Belgique n'ont rien exposé. Les soieries de l'Allemagne et de la Suisse n'y figurent pas non plus à côté de celles de Nîmes, d'Avignon et de Lyon. Même vide pour la coutellerie, les rasoirs, les instruments. Les lainages n'y tiennent pas la place qu'ils devraient y tenir, ni les tissus de fil et de coton, ni ces broderies économiques, ces mousselines à bas prix dont les vitrines anglaises et suisses nous offrent de si curieux échantillons. Évidemment on ne comprend pas encore dans le monde manufacturier ce que cette expérience a de fécond, et on la traite ou avec dédain ou avec défiance.

Ces préventions tomberont si la commission persiste et tient d'une main ferme le drapeau qu'elle a arboré. Quand on aura assez accordé au superflu, il faudra bien en revenir au nécessaire et, après tout ce bruit et cet éclat, songer aux conquêtes d'un ordre positif. Ces conquêtes peuvent se résumer en quelques mots : plus d'aisance par le bon marché. Si la terre se montre avare, si les aliments, malgré toutes les portes ouvertes, restent à des prix excessifs, l'industrie nous doit quelques compensations. Il faut qu'elle prélève sur les ressources de la communauté une part de moins en moins grande et allège incessamment le poids du privilége dont elle jouit. C'est son devoir ; celui du gouvernement est de l'y rappeler quand elle y manque ; il est armé pour cela. Une exposition permanente des produits à bon marché aurait ce sens et cet effet : elle serait un aiguillon pour les fabrications en retard et un flambeau toujours allumé sur les voies du perfectionnement. Il y a donc là une initiative utile et remplie de promesses : Dieu veuille qu'elle n'avorte pas!

DES MÉTAUX PRÉCIEUX.

JOAILLERIE, ORFEVRERIE, BIJOUTERIE.

J'arrive un peu tard pour parler des industries qui se rattachent au travail des métaux précieux, et je serai bref. La joaillerie, l'orfévrerie et la bijouterie sont des sœurs qu'il est difficile de séparer ; elles se confondent par plusieurs côtés, visent aux mêmes effets et s'adressent, ou peu s'en faut, à la même clientèle. Toutes les trois appartiennent à la France à bien des titres et tiennent, parmi nos industries de luxe, un rang que personne ne leur conteste et que confirme un témoignage évident, l'imitation au dehors. Elles ont tout ce qui constitue un art sérieux et éprouvé, des luttes d'écoles, des changements de manière, des maîtres et des élèves, des noms glorieux et une longue suite de traditions. Elles ont de plus ce mérite fort apprécié que tout en elles ne périt pas et que le prix de la matière survit aux révolutions de la main-d'œuvre.

Ce serait une fort belle histoire que celle des métaux précieux et du rôle qu'ils ont joué dans le monde, une histoire mêlée de bassesse et de grandeur et où la plume serait souvent trempée de sang humain. Quand il s'agit d'or et d'argent, involontairement on se reporte à cette conquête du Nouveau Monde où une poignée d'aventuriers espagnols, excitée par la vue du butin, suffit pour réduire des royaumes florissants et soumettre des populations innombrables; on songe aussi à ce mouvement contemporain qui a entraîné vers les déserts de la Californie et de l'Australie cette foule de spéculateurs de toutes les conditions, ivres jusqu'à la férocité, fouillant, sous l'empire d'une fièvre qui dure encore, les flancs des rochers et les sables des rivières pour demander à la fortune, au prix d'un jour de souffrance, ce qu'ils n'auraient pu en obtenir pendant une vie entière vouée à un travail obstiné. L'histoire de l'or et de l'argent, c'est presque l'histoire des peuples et des civilisations depuis qu'on en a fait le signe et la mesure de la richesse par suite d'un concert presque universel.

Même renfermés dans leur emploi somptuaire,

les métaux précieux offriraient une étude pleine d'intérêt à qui voudrait rechercher les métamorphoses qu'ils ont subies, les modes de traitement, les procédés, les formes auxquels on a imaginé de les soumettre. Depuis l'idole massive jusqu'aux bijoux en filigrane, où le métal n'est qu'un fil étiré, que de combinaisons ingénieuses, que de prodiges de patience et d'habileté de main! Toutes les nations qui ont passé sur la terre en y laissant une empreinte et un nom ont connu à un certain degré cet art de travailler les métaux et d'en varier les façons suivant les goûts, les habitudes et les mœurs des classes qui devaient en faire usage. Il faut lire dans Juvénal et dans Pétrone le détail des ornements qui entraient dans la toilette des dames romaines; c'est à confondre nos petites vanités et nos petites prétentions. Pline raconte qu'à un souper de fiançailles Lollia Paulina, qui fut depuis la femme de Caligula, portait pour 40 millions de sesterces (8 millions de francs à peu près) de perles, d'émeraudes et de diamants. A cette magnificence, il est vrai, étaient attachées quelques servitudes ; les bracelets pesaient jusqu'à dix livres; les pendants n'étaient pas moins lourds, et, composés de plusieurs étages de pierreries, déchiraient l'oreille ou l'allongeaient disgracieusement. Mais les

femmes se prêtent volontiers à de tels supplices;
elles en supportent, même aujourd'hui, d'aussi
raffinés avec une résignation au moins égale à celle
de Lollia et sans avoir autant de millions de sesterces
à étaler. Chaque peuple a ses goûts : les sauvages se
fendent les narines et les lèvres pour y introduire
des disques de bois ; nos grand'mères portaient des
cerceaux en osier, leurs petites-filles ont la crino-
line.

Le travail des métaux précieux resta longtemps
en France entre les mains des moines et limité aux
ornements d'église. Saint Éloi, orfévre avant d'être
évêque, avait mis l'un des premiers l'industrie sur
cette voie, et les procédés d'exécution passèrent de
couvent en couvent comme une propriété et un privilége. De là ces missels chargés de pierreries, ces
belles croix ciselées, ces châsses et ces reliquaires
dont les congrégations religieuses tiraient un certain orgueil et où elles luttaient de magnificence. Au
milieu de guerres interminables, d'invasions qui
mettaient le royaume en péril, le grand luxe n'avait
d'autre abri que les chapelles et les églises; il y demeura confiné jusqu'aux jours de la Renaissance et
quand l'art se réveilla sous l'influence des maîtres
italiens. Le Primatice et Benvenuto Cellini, attirés

par François 1ᵉʳ, parurent au Louvre, et une révolution s'opéra : l'un renouvela l'architecture et la peinture, l'autre l'orfévrerie et le travail des bronzes. Quoiqu'il y ait eu depuis lors bien des variations dans ces arts et bien des litiges d'écoles, il n'est pas hasardé de dire qu'ils obéissent encore à l'impulsion puissante qu'ils reçurent de ces hommes de génie, toujours imités et restés inimitables.

Ce qu'on y peut remarquer également, c'est une conformité constante avec l'esprit qui règne. Ni les arts ni les industries n'échappent à cette condition. S'ils ont leur vie propre, indépendante des temps et des lieux, ils s'imprègnent néanmoins et presque à leur insu des sentiments, des goûts, des préjugés dominants; comme toute chose, ils ont leur date. Voyez les bronzes, l'orfévrerie, la joaillerie, la bijouterie même depuis Louis XIV jusqu'à nous. Comme les formes répondent bien aux époques et s'y assortissent pour ainsi dire! Tant que l'Italie nous donne des reines, c'est l'art florentin qui prévaut; il fait partie de la suite des Médicis et entre avec elles à la cour. Tout s'en ressent, les dagues ciselées, les poignées d'épée, les bijoux de femmes, les bronzes, les objets de décoration. Date mémorable pour le travail des métaux précieux et qui en rappelle les chefs-d'œuvre ! La salière de Cellini et le coffret de Farnèse s'en détachent comme deux merveilles; mais combien d'autres morceaux de prix on pourrait citer encore, coupes en sardoine, en jaspe, en lapis, armes plaquées d'or, décorées d'émaux, pendeloques ornées de pierres précieuses, bougeoirs encadrés d'émeraudes et d'onyx, camées montés sur vases !

Avec Louis XIV, cette variété d'ornements, ces délicatesses de la main-d'œuvre s'effacent devant un art plus sévère et qui vise à la majesté. Les allures de la cour ont changé; elles ont perdu la grâce et la familiarité italiennes; le caprice et l'abandon n'y sont plus soufferts. La cour est une école de respect; et tout s'y conforme, costumes et parures. Dès lors Benvenuto est abandonné; Le Brun et le cavalier Bernin donnent le ton; une règle rigide remplace la fantaisie; on en revient à des formes plus guindées; où rien ne rappelle ni la naïve recherche du moyen âge ni la hardiesse d'imagination des Florentins. La bijouterie s'efface; l'orfévrerie devient fastueuse. Non pas qu'il n'y ait eu çà et là d'heureuses exceptions : Balin, s'inspirant du Poussin, exécuta les vases de bronze de la terrasse de Versailles, encore appréciés de nos jours, et on en citerait d'autres après lui ; mais ces exceptions mêmes font ressortir ce qui manque à l'ensemble de ces travaux. Il faut arriver au règne de Louis XV pour retrouver les libertés et les caprices de l'art. A un excès, il est vrai, succède l'excès contraire : c'est l'éternelle histoire de l'esprit humain ; on osa trop après avoir trop peu osé. Les aberrations du Barromini firent école ; ce fut à qui enchérirait ; de témérités en témérités on alla jusqu'aux extravagances. N'importe, les barrières étaient brisées de nouveau. Il y a dans la liberté quelque chose de fécond qui survit à l'abus qu'on en fait et aux écarts qui l'accompagnent. A force de bizarrerie on devait rencontrer l'originalité. Jamais l'orfévrerie et la bijouterie n'avaient tant multiplié les essais ni plus audacieusement cherché leur voie. Les Germains s'y firent une place à part dans une suite d'ouvrages délicats, très-étudiés et d'un grand mérite d'ajustement ; ils réglèrent le goût de l'époque tout en y cédant et formèrent de nombreux élèves. De là nous viennent ces bijoux couverts de sculptures repoussées, émaillées et ornées de pierreries, ces guirlandes, amours, coquilles et rocailles contournées, ciselées en relief ou gravées ; ces piqués sur écaille, formés de petits clous d'or réunis en dessin et empruntés à la Chine, compositions capricieuses et pleines de mouvement et où l'imagination de l'artiste pouvait se donner libre carrière. — Sous Louis XVI le mouvement s'arrête et l'art reprend un peu de sévérité ; on est sorti du régime des favorites ; la cour se réforme et les parures aussi. Plus d'exagération de style ; les bijoux sont plus simples et moins chargés d'ornements ; c'est sur les émaux que l'effort se reporte ; il y en a d'unis et de transparents dans toutes les nuances, bleus, gris de fer, opalins ; on en décore les bronzes, les tabatières, les bonbonnières, les étuis, même les meubles ; quelquefois, sur un fond d'émail, on distribue des perles et des diamants qui forment des chiffres, des étoiles, des losanges ; on y enchâsse aussi des portraits. C'est encore de l'enjolivure, mais elle est plus sobre que celle du règne précédent ; il se fait évidemment un retour déjà sensible au moment où la couronne change de main, plus marqué à mesure que l'on se rapproche du régime révolutionnaire. Quand la tourmente éclate, tout ce luxe s'évanouit ; bijouterie, joaillerie, orfévrerie, bronzes de prix disparaissent dans ce tourbillon qui emporta tant de choses ; à peine resta-t-il, comme dernier débris, quelques bijoux d'un or équivoque représentant des faisceaux, des triangles, des bonnets phrygiens,

et même des guillotines. Voilà les seules parures
permises ; les autres sont frappées d'interdit, même
les boucles d'argent aux souliers. On dirait que les
métaux précieux sont retournés dans les entrailles
de la terre ; on n'en voit sous aucune forme, ils font
partie de la liste des suspects et émigrent pour cause
d'opinion.

Quand vient le Directoire, ils osent se montrer
de nouveau, quoique timidement, et ne reprennent
bien courage que sous le Consulat et l'Empire ; encore faut-il qu'ils passent à un creuset où ils s'é-
purent de tous les souvenirs du passé. L'Empire
n'entend pas raillerie ; il veut avoir un genre à lui,
et ne s'accommode ni des bergeries ni des rocailles.
En fait de traditions, il remonte aussi loin que possible et se rattache à ce monde antique dont le pinceau de David vient d'évoquer les trésors. Adieu les
Amours joufflus dont naguère on était si prodigue ;
moutons et houlettes sont relégués sous la remise ;
ils feraient une triste figure au milieu des décharges
des mousquets et des fanfares des clairons. Comme
les régimes qui l'ont précédé, l'Empire a son art et
ses artistes, un art à son image et des artistes à sa
dévotion. On sculpte le marbre, on couvre la toile,
on façonne l'or et l'argent, on cisèle le bronze comme

13

il convient de le faire chez un peuple qui a le sabre
au poing et va d'épopée en épopée. Tout est romain
ou grec, ornements, décorations, meubles, bijoux;
on n'en sort que pour tomber en pleine mythologie.
Si dans cet entraînement universel quelques dissi-
dents, comme Prudhon, essayent de ne relever que
d'eux-mêmes, il n'y a autour d'eux ni école ni adhé-
rents ; ce sont des protestations solitaires. La vogue
est à l'imitation, à une imitation d'où la vie est absente. Le marbre ne s'anime pas, la toile est sans
couleur ; rien ne respire, rien ne se meut dans ces
créations d'emprunt, revêtues d'une fausse grandeur et d'une fausse majesté.

Ce qui manqua surtout à l'Empire dans ce plagiat
de l'art ancien, ce fut une notion exacte de cet art.
La paix seule et des voyages plus récents devaient en
révéler les richesses. Ni la civilisation étrusque ni
la civilisation assyrienne n'avaient livré leur secret,
et on en était aux rudiments de l'industrie grecque
et égyptienne. Quelques hommes pourtant marquèrent alors dans l'orfévrerie, et entre autres Auguste,
Odiot père et Biennais. C'est à eux que l'on doit
presque tous les travaux qui ont un caractère officiel.
Auguste exécuta la tiare du pape et des nefs du service offert à l'empereur par la ville de Paris ; Odiot

père, le berceau du roi de Rome, en collaboration avec Thomire; Biennais, une très-riche soupière que MM. Percier et Fontaine avaient dessinée pour l'impératrice Joséphine. Sauf le berceau, dont les dessins sont de Prudhon, aucune de ces pièces ne supporterait aujourd'hui l'examen. Il en est de même des objets de bijouterie, qui ne sortent pas de quelques modèles reproduits à satiété : armilles en forme de serpent, anneaux unis, colliers de corail, scarabée ou camées, et vers 1812 bijoux en or mat, que l'on décora d'ornements hémisphériques, parsemés de petits grains d'or. Ce fut la grande vogue du temps.

Avec la Restauration, l'industrie s'anime; on n'est plus assourdi par le bruit des armes, la paix a affranchi les mers et donné à l'activité du pays un vigoureux essor. Il y eut alors pour les arts une séve et une floraison nouvelles. On les discuta comme on discutait toute chose; ils eurent leurs partis, leurs journaux, ceux-ci pour la résistance, ceux-là pour le mouvement. Qui ne se souvient de ces luttes, et parmi les contemporains combien y ont pris part ! Tout se ressentit de l'esprit qui dominait, l'esprit de contrôle et de controverse; volontiers on allait aux extrêmes, soit dans la louange, soit dans le dénigrement. L'art était une arène où l'on échangeait des défis avant d'en venir aux mains. Que de confusion, mais aussi que de vie! Comme tous les travaux qui relèvent de l'imagination, l'industrie des métaux précieux fut entraînée dans ce mouvement et jetée dans cette mêlée. Il y eut deux camps parmi les orfévres, comme il y en avait deux parmi les écrivains. Les uns, comme MM. Cahier, Odiot père et fils, restèrent fidèles aux formes sérieuses; les autres, comme MM. Fauconnier et plus tard Froment-Meurice, abandonnèrent l'imitation anglaise et se composèrent une sorte d'originalité à l'aide d'autres emprunts faits au moyen âge, à la renaissance et au dix-huitième siècle. Ce fut des ateliers de Fauconnier que sortit cette révolution, et il faut ajouter que, si elle lui valut un peu d'honneur, en revanche elle lui coûta sa fortune. En industrie on n'innove qu'à ses dépens, et le succès même n'est pas une indemnité suffisante. Déjà Auguste, trop téméraire pour son temps, avait vu sa vogue et sa célébrité aboutir à une déconfiture; il en fut de même de Fauconnier, dont le nom n'avait pas eu moins d'éclat et à qui l'on doit l'aiguière du duc de Bordeaux, le service du duc d'Angoulême et le vase de La Fayette. L'auteur de ces travaux si célébrés, trop célébrés peut-être, mourut indigent et ne laissa pas de quoi payer ses funérailles.

C'est qu'il y a dans l'industrie des métaux précieux deux éléments qu'il faut savoir y maintenir en équilibre : d'un côté, ce qui tient à l'art, de l'autre, ce qui tient au commerce. Si on n'est pas un bon orfévre sans le juste sentiment de l'art, on ne l'est pas davantage sans quelques notions du calcul et une saine appréciation de ce qui convient aux clients. Presque toujours ceux qui font à l'imagination une grande place dans leurs travaux méconnaissent les conditions essentielles de leur carrière. Ils ont alors des prôneurs et mènent un grand bruit ; ils s'assurent même ainsi le privilége des ouvrages d'exception, les commandes du gouvernement, la fourniture de quelques maisons opulentes ; c'est un tribut que l'on paye au nom, tribut plus forcé qu'on ne le suppose et où la convenance a moins de part que la vanité. Mais ce qui manque à ceux qui penchent trop de ce côté, c'est la vente courante, ce sont des affaires régulières et suivies, c'est l'esprit commercial en un mot. Ainsi s'expliquent ces chutes soudaines qui paraissent incompatibles avec des réputations si bien assises et des ouvrages en possession d'un tel crédit. Réunir dans une juste mesure la hardiesse et la prudence, ne pas s'endormir dans la routine et ne pas se jeter dans les aventures, avoir en vue le grand, le vrai public, et non ces groupes d'amateurs qui crient à tout propos au miracle et se passionnent pour des raffinements de mauvais goût, voilà les qualités du bon joaillier et du bon orfévre, celles qui trompent le moins et n'exposent à aucune déchéance; ce sont les plus rares aussi, et ne les possède pas qui veut.

Quoi qu'il en soit, après Fauconnier la révolution est faite, d'autres en recueilleront les fruits. A la sobriété des ornements a succédé une certaine intempérance de style. En vain les plus réservés essayent-ils de s'en défendre; le mouvement devient impérieux, aucun art n'y échappe; force est de céder. C'est ainsi que s'est formée l'école nouvelle, dans laquelle se sont rangés, à côté de noms nouveaux, tous les anciens noms de la joaillerie et de l'orfévrerie. Mais si l'élan est commun, déjà les rôles se partagent; les uns savent régler leurs allures, les autres en sont à l'emportement et ouvrent la campagne sous l'empire d'une ivresse qui ne les abandonnera plus. Pour s'éloigner avec plus d'éclat de ces compositions trop réglées, empruntées aux Anglais ou léguées par l'empire, ils se jettent dans des excès de fougue ou de mouvement qui déparent leurs œuvres les plus admirées. Ils veulent tout éteindre à la fois et tout résumer dans un art hybride ; la naïveté du moyen âge, la délicatesse de la renaissance, l'enjolivure du dix-huitième siècle ; ils prennent ici un détail, là un procédé, et tirent de cette confusion des genres des effets qui ne sont pas tous louables ni heureux. Comment en serait-il autrement ? Au dehors ils n'ont point de juges, mais des complices ; leurs écarts sont ce qu'on applaudit le plus ; la vogue est acquise aux témérités. On pourrait citer tel orfévre, tel dessinateur qui n'ont fait leur chemin et rendu leurs noms populaires qu'au moyen de compositions déjà frappées d'un désaveu et qu'on dirait sorties de cerveaux en délire. Comme toutes les révolutions, celle-ci dépassait ses limites ; l'arc avait été trop tendu dans un sens, on le tendait trop de l'autre : ainsi vont les choses humaines.

Aujourd'hui, et à en juger par l'exposition actuelle, il semble que cette effervescence se soit un peu calmée. Dans l'orfévrerie, il y a bien encore çà et là des corps qui pèchent par l'anatomie, des groupes forcés, des attitudes où l'on trouverait beaucoup à reprendre, de la confusion et des exagérations sensibles dans le dessin, des erreurs de perspective, des combinaisons plus prétentieuses que vraies, plus bizarres que satisfaisantes; il y a aussi, dans la bijouterie, une certaine affectation de manière, une incohérence, des défauts d'ajustement et des écarts de goût qui frappent l'œil le moins exercé; mais c'est là un dernier tribut payé à une épidémie récente, et il est aisé de s'assurer que dans l'ensemble il s'opère un retour vers des formes moins équivoques et des compositions plus sensées. Déjà on tient compte, plus qu'on ne le faisait naguère, des règles immuables de l'art, hors desquelles il n'y a que des succès éphémères, de la correction du dessin, de la pureté et de l'harmonie des lignes, conditions fondamentales dont on ne s'affranchit pas impunément; on s'essaye à être sobre sans sécheresse, simple sans froideur, digne sans paraître emprunté; on se modère enfin, on s'amende, on se règle, on rentre dans le giron des grandes écoles qui ont su allier la hardiesse et le respect des traditions, le calme et le mouvement, la grâce et la majesté.

Que dire maintenant de cette exposition qui a si longtemps tenu l'Europe en haleine et qui bientôt ne sera plus qu'un souvenir? Dans les métaux précieux et les pierreries, presque toutes les maisons importantes y ont figuré et soutenu leur ancienne renommée. Rien de bien nouveau ni de bien éclatant depuis l'exposition de Londres, mais un ensemble d'efforts heureux et dignes d'être encouragés. Il y a des noms qui s'en détachent et qu'on est accoutumé de voir à la tête de leur industrie et de leur art; dans la joaillerie, MM. Bapst et Lemonnier; dans l'orfévrerie, MM. Vetche, Froment-Meurice, Rudolphi, Wiese, Marrel, Dafrique, Auguste-Paul, Bapst et neveu, Maurice Mayer, Durand et Lecointe. Citer ce qu'ils ont exposé de remarquable serait bien long et aujourd'hui superflu. Il y a des objets qui ne vivent plus que dans les mémoires, comme le magnifique diadème de MM. Bapst, leur parure en diamants et rubis, leur ravissante résille dont chaque maille est relevée d'une pierre précieuse, leurs fermoirs d'un si grand goût et d'un si haut prix et tant d'autres merveilles d'une richesse à la fois délicate et sévère. Si quelque jour nous devons retrouver ces joyaux, qui tenaient si peu de place et avaient tant de valeur, ce sera sur des fronts ou sur des épaules qui les feront mieux ressortir et sous l'éclat de bougies qui en multiplieront les feux. Il en est de même des parures de M. Lemonnier, de la garniture de robe de M. Rouvenat, des bracelets de M. Duron, des châtelaines et des broches de M. Lecointe. Dans l'ensemble, la joaillerie a montré une grande sûreté d'exécution, et il faut dire à sa louange qu'en aucun temps elle n'a eû de ces écarts que l'on peut reprocher à la bijouterie et à l'orfévrerie.

Quand on parle de cette dernière industrie, il est impossible d'en séparer le nom de M. Froment-Meurice. Il est mort récemment, dans la force de l'âge et dans la maturité de son talent. Après Fauconnier, c'est lui qui a le plus osé et marché le plus résolûment dans la voie des découvertes; il a fait école, et il lui est arrivé ce qui arrive à tous les maîtres, ses élèves n'ont pris de lui que ses défauts. Personne n'a recherché plus studieusement les origines et les procédés de son art ni fait plus d'emprunts heureux aux industries du moyen âge et du monde byzantin. Ses œuvres capitales sont connues : un surtout modelé d'après Jean Feuchère; le coffret du comte de Paris; la toilette de S. A. R. la duchesse de Parme; les épées du général Cavaignac et du général Changarnier; le beau triptyque en style allemand; la série des coupes des quinzième et seizième siècles; les bracelets, les châtelaines dans les styles byzantin et mauresque. L'exposition actuelle n'ajoute rien à ces titres, elle les confirme seulement;

il n'y a à remarquer que des fleurs de pierreries reposant sur des feuillages émaillés, des coupes, des vases d'or avec nielles en argent qui encadrent des figurines en ronde bosse.

Près du nom de M. Froment-Meurice se place naturellement celui de M. Vetche; c'est encore un maître, et un maître qui rappelle les Florentins. M. Vetche a ce don rare d'exécuter lui-même ce qu'il compose et de manier avec un égal succès le crayon et l'ébauchoir. Les débuts de M. Vetche dans la grande orfévrerie eurent quelque chose de romanesque et de mystérieux dont les amateurs et les antiquaires se souviennent. Il parut alors, sans certificats d'origine, des objets en repoussé dans le style de la renaissance : boucliers, vases, armets, plats d'argent d'un mérite supérieur et d'une délicatesse rare. D'où venaient ces morceaux? On ne citait ni les musées ni les cabinets, et pourtant l'exécution était si achevée que personne ne consentait à y voir un produit de l'art contemporain. La vogue s'y attacha, une vogue longtemps anonyme et dont quelques initiés seuls avaient le secret. Enfin M. Vetche se nomma et signa ses ouvrages : son talent l'avait trahi. Depuis ce temps il est à la tête de son industrie pour l'invention, l'originalité et le caractère particulier qu'il imprime à tous ses travaux. Il n'emprunte qu'aux anciens maîtres, et il emprunte en maître. Un beau vase d'argent repoussé, dont le sujet est tiré des gravures de Marc-Antoine et qui représente Neptune et Galatée entourés de tritons et des sirènes, lui assigna un rang dont il ne devait plus déchoir. D'autres morceaux, devenus populaires, n'ont fait qu'ajouter à sa renommée : l'aiguière des centaures et des lapithes; le vase représentant le combat des dieux contre les géants, la coupe d'argent exécutée pour M. de Vandeuvre; enfin les deux boucliers qui figurent, l'un le Massacre des Innocents, l'autre l'Apothéose de Milton, et dont le dernier a eu les honneurs d'une double exposition, celles de Londres et de Paris.

C'est évidemment de M. Vetche que s'inspirent aujourd'hui les fabricants et les dessinateurs à qui manque le génie de l'invention. Quand M. Vetche a fait des vases, ils ont fait des vases; aujourd'hui ils se mettent à sa suite pour faire des boucliers. Chaque exposant a voulu avoir le sien : boucliers de chasse, boucliers héraldiques, boucliers numismatiques, boucliers fantastiques, boucliers épisodiques, boucliers allégoriques. A les voir en si grand nombre, on se croirait revenu aux temps d'Homère ou aux époques de chevalerie. A la bonne heure, voilà les armes; mais où sont les preux? A coup sûr, ceux qui combattent en Crimée ne s'accommoderaient pas de hochets pareils; ce serait une faible ressource contre la brutalité des boulets. Restent donc les faisceaux d'armes et les panoplies; si répandu qu'en soit le goût, je doute qu'il suffise à l'écoulement de tant de boucliers, et plusieurs sans doute, faute d'emploi, iront où va la vieille argenterie, au creuset et à la refonte.

J'ignore si cette influence de M. Vetche sur l'industrie qu'il exerce a été remarquée; elle m'a paru manifeste, plus manifeste que celle M. Froment-Meurice, dont on a beaucoup parlé. M. Froment-Meurice n'était qu'un homme de goût et presque un amateur; M. Vetche est un véritable artiste, qui imagine même quand il imite, et s'est composé un genre à lui du mélange de divers genres. Dans ses travaux il est aisé de reconnaître ce qui lui appartient à côté de quelques réminiscences. Le Neptune, par exemple, où il s'inspire de la renaissance, prend un caractère d'originalité dans ses ornements distribués sur des fonds unis ou granulés, dans ses monstres fantastiques bigarrés de détails gravés et ponctués avec un soin extrême. Dans l'aiguière, dans la coupe d'argent, dans les boucliers, le sentiment de l'antique est tempéré par une inspiration personnelle, plus vivante, plus moderne et qui se montre en plus d'un point. D'autres orfévres, comme M. Morel, ont pu pousser plus loin la perfection du travail; aucun ne s'est élevé aussi haut que M. Vetche pour l'invention et l'imagination; aucun surtout n'a réuni plus de facultés et possédé à la fois, comme lui, l'esprit qui crée et la main qui exécute.

D'où vient qu'un maître aussi bien doué n'ait pas fait de meilleurs élèves, et que son influence se réduise à d'assez médiocres imitations? Par un motif bien simple et qui est commun à tous les arts contemporains et aux lettres elles-mêmes. Tous les chefs d'école, ceux que la voix publique a reconnus pour tels dans ces trente dernières années, ont été, chacun dans sa sphère, aussi loin que le permettait le goût le plus accommodant, brillants, mais extrêmes, plus ingénieux que vrais, plus ardents que sensés, ne sachant ni se châtier ni se contenir, outrant toutes choses, ici la pose, là l'expression, épris du réel au point d'arriver au trivial, s'enivrant de leurs œuvres et oubliant dans cette adoration d'eux-mêmes le respect salutaire que l'on doit garder en présence du public, négligés de parti pris, incorrects par

système, n'ayant d'oreilles que pour la louange et
opposant aux critiques les plus adoucies les grands
airs et les dédains fanfarons, exagérés en un mot
et touchant à cette limite où le génie dégénère en
impuissance et n'est plus qu'une monnaie de mauvais aloi. Dans ces conditions, on peut rencontrer
encore des talents originaux, des esprits doués d'une
véritable force, des plumes animées d'un grand
éclat, des imaginations souveraines et des mains
sûres pour l'exécution; mais on n'a que de détestables écoles. Comme tous les phénomènes, ceux-ci
n'ont point d'aïeux et restent sans postérité. Quand
on les imite, c'est dans ce qu'ils ont de défectueux
et de répréhensible; la lumière disparaît; il ne reste
plus que les ombres.

L'art étranger se ressent aussi de cette influence,
et, à vrai dire, il n'est que la contre-épreuve de l'art
français. L'Angleterre même, qui se défend avec
tant de soin de l'imitation, nous a emprunté trois
orfévres, MM. Vetche, Morel et Bisson : les deux premiers sont des émigrés volontaires, le troisième est
un réfugié politique. L'exposition anglaise est ainsi
une suite et un complément de la nôtre. Nous y retrouvons les principaux travaux de M. Vetche, devenus la propriété de M. Mortimer et de ses successeurs,

MM. Hunt et Boskel. Ailleurs, il est vrai, l'industrie anglaise se montre dans ses véritables conditions et sous un autre aspect. Ainsi en est-il de la fontaine arabe qu'expose M. Garrard avec un groupe de chevaux d'un fort beau style, et du surtout de M. Hancock, où deux chevaliers se livrent un combat à outrance. Il y a aussi, dans les pièces exposées par la compagnie des orfévres de Londres, et toutes en argent massif, un échantillon de cette solidité et de cette richesse qui ont de tout temps distingué l'orfévrerie britannique. Même luxe, même opulence dans les coupes, dans les candélabres, dans les vases, dans les boucliers, où l'on n'a pas épargné la matière, et dans cette collection de parures et de bijoux où la beauté de la monture ne le cède qu'à la profusion des pierres. Si les joailliers anglais n'en tirent pas autant de parti que nos grands joailliers, ils les prodiguent davantage, et c'est ainsi que la balance se rétablit. L'Angleterre a d'ailleurs, à côté de son exposition propre, une autre exposition qu'elle peut revendiquer et dont l'originalité ne saurait être contestée, c'est celle des bijoux de l'Inde. Il est impossible de passer sans étonnement à côté de cette collection, aussi remarquable par sa délicatesse que par sa date ; aucun de ces modèles n'est d'hier ; ils sont de tradition et d'une tradition presque immémoriale; l'Orient est le pays de l'immobilité. Et pourtant que de grâce dans ces aiguières si sveltes, dans ces bracelets et ces colliers en filigrane dont les mailles ont la légèreté de la dentelle; dans ces coffrets d'ivoire et d'ébène où la façon ajoute tant de prix à la matière ! Que de prodiges de patience et d'habileté ! Quels artistes ! et comment ne pas s'intéresser à eux ! Point de gloire à espérer, point de bruit autour de leurs noms, et pour tout salaire quelques poignées de riz.

Il me reste peu d'espace pour achever ce tour du monde à la suite de l'orfévrerie; le temps presse d'ailleurs et se refuse aux développements. L'Orient a ses armes damasquinées, Rome ses mosaïques, la Belgique ses joailleries, rivales des nôtres, et son orfévrerie d'église, où elle tient son rang à côté de Lyon et de Paris; le Danemark et la Suède ont des sabres, des épées et des boucliers; l'Espagne a des ornements d'église, la couronne de laurier émaillé sur or donnée à Espartero par la ville de Barcelone; la Hollande a des paniers d'orfévrerie à jour d'une délicatesse extrême et qui font honneur à M. de Meyer, de la Haye, et un petit groupe de M. Salm composé de deux figures en argent ciselé d'une seule plaque et sans soudure ; la Prusse a les vases de M. Friedeberg, le livre à reliure d'or avec incrustation d'émaux de MM. Sy et Wagner ; l'Autriche a sa belle collection de bijoux ornés de grenats de Bohême ; la Lombardie ses colliers et ses épingles à deux têtes qui sont un produit du goût local ; enfin la Suisse offre le plus bel assortiment de montres que l'on puisse voir, et on sait qu'elle y excelle : bracelets à montre, broches à montre, lorgnons à montre, tabatières à montre, bagues et épingles à montre, montres de toute dimension et de toute forme. La Suisse a trouvé moyen d'en mettre partout, et il faut ajouter qu'elles font partout une très-belle figure.

Telle est l'exposition des industries qui travaillent les métaux précieux. Pour ne rien omettre, il convient d'accorder une mention aux arts accessoires, comme l'émail, la gravure des pierres et l'orfévrerie argentée, dorée ou plaquée. Tous sont dignement représentés à l'exposition : l'émail par MM. Charlot, Deverdum et Datin ; la gravure par M. Albités ; l'orfévrerie argentée par MM. Elkington et Christofle, dont le surtout exposé sous la rotonde a mérité, par le nombre des pièces et la beauté calme des sculptures, de figurer à côté des diamants de la couronne et des travaux de Sèvres et des Gobelins.

Me voici au bout de cette revue, et je n'y ajouterai qu'un dernier mot. Tous les arts qui relèvent du dessin ont été entraînés, depuis vingt ans, vers un abus de leurs forces. Si je ne me trompe, ils commencent à se régler, à se discipliner et touchent à cette réaction qui suit les fièvres de l'esprit comme celles du corps. Ainsi contenue, aucune révolution n'aura été ni plus salutaire ni plus légitime. Il était à craindre que les libertés conquises ne périssent par l'excès et que cet excès nous ramenât violemment à la roideur des formes. Les exemples de ces retours d'opinion ne manquent pas, et on sait de quels sacrifices ils sont accompagnés. En faisant leur police eux-mêmes, en s'imposant des règles, en veillant sur leurs propres écarts, les arts donneront à leur affranchissement la seule sanction qui puisse en assurer la durée, et s'épargneront la douleur de tomber sous un joug nouveau. La liberté n'est possible, elle n'est sûre qu'à la condition d'en user dignement et sagement. Que l'on renonce donc aux emportements de la composition. Des coteries

peuvent y applaudir; mais le grand, le vrai public
ne s'y associe pas; il se tient à l'écart, d'abord indifférent, puis sévère, et quand le tapage va trop
loin il voit sans regret la férule d'un maître s'appe-
santir sur des écoliers turbulents.

L'ÉBÉNISTERIE.

Ce que j'ai dit de l'orfévrerie abrégera ma tâche pour ce qui touche à l'ébénisterie. Les deux industries ont cela de commun qu'elles exigent l'une et l'autre une composition préalable et relèvent à la fois de la sculpture et du dessin. On sait quelle révolution s'est opérée dans l'ébénisterie durant ces quinze dernières années. Aux formes simples et sèches, longtemps en crédit, ont succédé des formes plus étudiées, et au placage uniforme d'acajou des bois plus riches, comme le bois de rose et le palissandre, des marqueteries, des incrustations de cuivre, de nacre ou d'écaille, souvent même des sculptures sur chêne ou sur poirier. A peine essayées, ces innovations ont eu la vogue, et s'il en fallait des preuves, on en trouverait de suffisantes dans le nombre toujours croissant des antiquaires et des brocanteurs qui envahissent les quartiers de Paris et y font une très-bonne figure.

A quoi tient ce succès? Y avait-il dans les formes nouvelles un mérite d'invention? Pas le moins du monde. Y avait-il, à défaut d'invention, une certaine originalité dans la mise en œuvre, dans l'ajustement? Pas davantage. Le seul et le vrai titre des meubles que la mode adoptait était d'avoir un caractère historique et de rappeler, ceux-ci l'époque gothique, ceux-là les siècles de Louis XIV ou de Louis XV, d'autres la renaissance, d'autres enfin les dernières années du règne de Louis XVI. L'imitation leur servait de passe-port. Moins ils paraissaient modernes, plus ils avaient de chance d'être agréés. Il fallait qu'on pût jusqu'à un certain point les confondre avec des meubles véritablement anciens, débris restaurés à grand'peine et à grands frais; il fallait qu'ils fissent oublier autant que possible leur origine et leur date. Le moyen de réussir était là; dans cette illusion : donner au neuf l'aspect du vieux; ordinairement c'est l'effet inverse que l'on poursuit.

Il est vrai qu'en fait d'ébénisterie la tradition n'est point à dédaigner et qu'on peut y puiser à pleines mains pour le choix des modèles. Entre les sculptures informes et naïves du moyen âge et les raffinements de marqueterie des deux derniers siècles il y a tout un art, et un art des plus exquis. Cet art sort de ses langes au moment où l'on met en œuvre les premiers procédés d'assemblage, c'est-à-dire où les meubles cessent d'être assujettis au moyen de goujons en fer et où l'on emploie la colle pour faire les joints. Alors naît la grande sculpture sur bois, et dès le début elle se place à une telle hauteur qu'elle ne sera plus dépassée. La renaissance arrive, et avec elle arrivent les maîtres : Jean Goujon, Germain Pilon, Jacques Sarrazin. De là ces chefs-d'œuvre qui seront l'objet d'une éternelle admiration et feront le désespoir des imitateurs : frises, décorations, buffets d'orgue, stalles, chaires, bahuts, armoires, crédences. Ce qu'on en voit dans nos musées et dans nos églises suffit pour donner une idée complète du génie de ce temps : rien de plus achevé ni de plus vigoureux; c'est la grâce même unie à la force et une entente dans l'exécution, une disposition des ornements et des figures, un choix d'attributs, une harmonie générale qu'il est impossible d'égaler. Pourquoi cela? Par un motif bien simple : c'est que le sculpteur, si glorieux qu'il fût, restait enchaîné à son œuvré depuis le premier jusqu'au dernier jour ; c'est qu'il ne s'en remettait à personne, ni pour le fond ni pour les accessoires ; c'est qu'il n'avait ni suppléants ni élèves, et ne laissait pas d'autre ciseau que le sien toucher au bois ou à la pierre qu'il avait entrepris de décorer. Ces grands artistes étaient en même temps des ouvriers habiles et demeuraient ouvriers sans crainte de déroger.

Dans cette période, c'est la sculpture qui l'emporte ; plus tard ce sera la marqueterie. Déjà sous Henri IV et sous Louis XIII la renaissance perd quelques-unes de ses grâces ; le meuble devient plus lourd, plus triste ; les artisans de premier ordre se font rares, et à peine reste-t-il quelques médiocres sculpteurs. Il faut franchir un demi-siècle pour arriver à un autre genre et à une autre supériorité. Boule imagine alors et pousse à une perfection incomparable l'art d'incruster le bois et d'y distribuer avec un goût parfait des ornements de cuivre, d'écaille, d'ivoire, de nacre, de burgau, même de corne et de baleine. Du temps des sculpteurs, les bois indigènes suffisaient et le chêne défrayait presque toutes leurs compositions. Pour les œuvres de marqueterie on eut recours à d'autres bois, et le commerce en amena de tous les points du globe ; l'acajou d'abord, resté le véritable chef d'emploi malgré l'abus qu'on en a fait, puis l'acacia, l'ébène, le palissandre, l'aloès, le cèdre, le citronnier, le courbaril, le bois de fer, le figuier, le micoucoulier, le santal et toutes les variétés des essences tropicales. Ce fut le temps des essais, et aucune espèce n'y échappa, soit en massif, soit en placage, quand le prix était trop élevé. La marqueterie fit des merveilles, et jamais meubles plus riches ne garnirent les appartements. Ce n'est pas qu'il n'y ait eu, même au moyen âge, des travaux de marqueterie dignes d'attention. Jean de Verme, contemporain de Raphaël, exécuta quelques morceaux qui comptent dans l'histoire de l'art; mais Boule poussa les ornements à un degré inouï et laissa un nom qui ne s'est point effacé des mémoires. Aujourd'hui encore qui ne le cite à tous propos? Ce qu'on ignore, c'est qu'après avoir tant fait pour son art et couvert la France de merveilles il mourut pauvre, comme tous les hommes qui font plus de cas de la gloire que de la fortune.

Après lui il y eut, sous Louis XV, quelques déviations et un excès dans le mouvement des formes. Un bois peu connu, peu employé jusqu'alors, le bois de rose, fournit un placage très-recherché, et sous ce nom on comprit toutes les essences d'un ton fauve ou jaune allant jusqu'au rouge veiné de noir. C'étaient ou le liseron des Antilles ou le balsamier de la Jamaïque, parfois même des racines d'autres arbres à couches concentriques, inégales et bizarres dans leurs dispositions. Les formes furent appropriées à la matière, et le style sérieux de Boule dégénéra, chez les ébénistes qui lui succédèrent, en ce genre un peu affecté qui prévalut vers le milieu du quatorzième siècle. Plus de jambes droites ni de lignes uniformes; les pieds sont contournés, les panneaux courbes; on sent la manière et l'effort : l'ameublement répond à la galanterie qui règne. La laque joue aussi un rôle; déjà connue sous Louis XIV, elle entre pour une plus grande part dans le revêtement et se marie avec l'incrustation et la dorure. Le Japon, la Chine et la côte de Coromandel fournissent des modèles que nos ouvriers imitent à l'envi. Mais dans cette prodigalité d'ornements la sculpture avait été un peu délaissée; elle ne reprit son rang que sous Louis XVI et dans le travail des siéges et des fauteuils. Ce fut une belle époque pour l'ébénisterie, celle où la délicatesse du goût s'allia le mieux à la richesse de l'exécution. Riesner y donnait le ton pour la marqueterie, Goutière pour la ciselure, et c'est à leurs talents réunis que l'on doit ces meubles ornés de cuivre et ces *bonheur-du-jour*, qui ont laissé un nom et une date dans l'industrie. Jamais l'art du doreur n'avait été poussé plus loin ni mieux approprié à la décoration, jamais les coupeurs de bois ne s'étaient montrés plus habiles ni plus ingénieux. Çà et là, dans des magasins de revendeurs et dans les dépouilles des vieux châteaux, on retrouve des pièces de ce genre qu'on ne peut se lasser d'admirer malgré les dégradations et les injures du temps. Des médaillons en tapisserie de Beauvais ou en damas de Lyon garnissaient ces bois merveilleux et en rehaussaient l'effet ; tout était assorti dans ces témoignages d'une opulence qui allait disparaître et se signalait par un dernier éclat.

Quand on parle de l'ébénisterie, il faut oublier les trois régimes qui ont suivi : la république, l'empire et la restauration ; le silence est la seule faveur qu'on leur doive. On vit régner alors comme une épidémie d'antiquité grecque et romaine qui gagna tous les arts et en altéra la physionomie. Il n'y avait plus qu'un bois, l'acajou ; plus qu'une forme, celle des lignes droites : à peine osait-on s'en écarter. Plus de sculpture dans la sérieuse acception du mot, plus de marqueterie; la sévérité allait jusqu'à la nudité. Il fallut, pour sortir de cet ameublement uniforme, que des ébénistes plus audacieux et mieux avisés fissent un retour vers le siècle qui venait de finir et dont les souvenirs paraissaient oubliés. Jacob en eut, des premiers, le sentiment, et copia, en les modifiant, quelques-uns de ces vieux meubles qu'on laissait pourrir dans les greniers comme des débris sans valeur. Cet essai réussit au delà de toute espérance. Toute cette grâce méconnue et abandonnée surprit et charma les yeux; l'engouement s'en mêla, et, comme toujours, on passa d'un excès à l'autre. Depuis lors les préférences du public ont incliné de ce côté, et l'ébénisterie est entrée dans la voie où nous la trouvons aujourd'hui. Plus d'un ridicule est né de ce mouvement d'opinion, et les préférences du public ne sont pas toujours justifiées. La passion de ce que l'on nomme le bric-à-brac a fait des victimes; les faux connaisseurs abondent et les maquignons ne manquent pas. De là bien des collections hétéroclites et des assortiments étranges qui font sourire les gens de goût et déparent les salons les plus opulents; de là cette chasse aux vieux meubles qui a mis en campagne tant de brocanteurs et dépouillé la province au profit de Paris. Mais, au milieu de ces petits travers, l'ébénisterie moderne n'en a pas moins fait son chemin. Elle a trouvé dans ce retour à des formes trop négligées des éléments de succès et des conditions de rajeunissement. On est revenu à l'ornement et à la décoration, on est revenu surtout à la sculpture du bois, qui constitue un art véritable, exige des études et forme des ouvriers de choix. Si l'essor ne va pas au delà d'une imitation habile et si un peu de confusion s'y mêle, l'originalité prendra tôt ou tard le dessus, et, le genre étant fixé, l'harmonie naîtra d'elle-même.

Déjà parmi les meubles qui figurent à l'exposition on en peut distinguer quelques-uns dont le mérite ne se réduit pas à une production pure et simple. L'exposition de M. Barbedienne, celle de M. Fourdinois, celle de MM. Weber, Grohé et d'autres encore sont là pour témoigner qu'il se fait dans les diverses branches de cette industrie des efforts persévérants et quelquefois heureux. Ce qu'on peut reprocher à l'ensemble de ces travaux, c'est que l'effort est trop visible, et qu'en raison de la circonstance on l'a sensiblement outré. Plus d'un meuble est surchargé d'ornements au point d'en paraître ridicule. En eux-mêmes les ornements sont dignes d'éloges ; ils ont de la délicatesse et prouvent une grande sûreté de main : l'excès seul est de trop. Un autre défaut tout aussi général et qui à mes yeux est plus grave, c'est que les plus considérables d'entre ces meubles manquent de caractère, ou, pour employer un mot plus juste, d'appropriation. Ainsi il en est plusieurs devant lesquels l'œil hésite. A quoi sont-ils destinés? On ne le saisit pas d'abord. Faut-il y voir des bibliothèques, des armoires, des étagères à curiosités? L'aspect des meubles ne se refuse à aucun de ces emplois, tant la forme est peu précise. Cela tient à ce qu'on les a exécutés en vue de l'effet plutôt que de l'usage, et qu'on les a jugés suffisamment commodes dès le moment qu'ils étaient bien sculptés. De là aussi une profusion de bronzes et de cuivres qui ne sont pas tous disposés avec goût ni distribués avec bonheur. Pour les siéges et les fauteuils, l'excès est manifeste; parmi ceux qui attirent le regard, il en est peu qui seraient d'un bon service, et pourtant, quelque bon marché qu'on en fasse, l'objet est à considérer.

Mieux que les autres, les ébénistes que l'on s'accorde à citer comme les chefs de cette industrie ont évité cet écueil et se sont montrés sobres d'ornements. La bibliothèque en poirier noirci de

M. Fourdinois donne la mesure exacte d'une exécution riche et sévère à la fois ; le profil en est beau et les ornements se réduisent à des filets d'acier et à des émaux en grisaille : quelques gravures traitées avec soin complètent sa décoration. Les deux corps de bibliothèque de M. Barbedienne, l'un en poirier noirci, l'autre en noyer, sont plus chargés de sculptures, le dernier surtout. Il est vrai que ces sculptures sont d'un bon style et qu'il n'y a rien à reprendre ni dans le choix ni dans l'ajustement des bronzes. Le meuble en noyer a en outre le mérite de reproduire des œuvres célèbres, les Chanteurs de Lucca della Robbia, les Esclaves de Michel-Ange et deux des figures à demi-couchées du tombeau des Médicis. A prendre des modèles dans le passé, on ne pouvait mieux choisir, et ils ne perdent pas trop à cette réduction. L'exposition de MM. Grohé se renferme dans ce caractère de simplicité qu'il faut désormais recommander aux ébénistes ; les ornements n'y sont pas prodigués avec excès et la distribution en est heureuse ; les formes et les dimensions répondent à l'emploi. C'est d'abord un bureau en ébène, avec quelques incrustations de pierres dures et de lapis ; puis un meuble d'appui en bois de rose et d'amarante, avec des bronzes ciselés et des médaillons d'attributs; puis encore deux trépieds où l'ébénisterie s'efface devant le bronze; enfin une jardinière en bois d'amarante avec incrustation de lapis et encadrement en ébène, meuble charmant que relèvent des bronzes du meilleur goût.

Si l'exposition n'était pas à la veille de nous échapper, il me resterait beaucoup à dire sur les autres ébénistes qui y figurent et qui tous ont fait de louables efforts pour y paraître dignement. Paris surtout, ce grand atelier des objets de luxe, en compte une légion imposante par le nombre et par le mérite, et pour être juste il faudrait presque tout citer. Voici M. Jossey, qui est à la fois dessinateur, sculpteur et ébéniste; son armoire de chasse a de très-bonnes parties, ainsi que la bibliothèque en noyer de M. Meynard. La bibliothèque de M. Weber se recommande également par l'habileté de main qui distingue ses sculptures; la composition en est vague et renferme une allégorie difficile à saisir; mais, prises en elles-mêmes, les figures ont de l'expression, et l'ensemble est une œuvre de patience et de conscience. D'autres meubles, celui de M. Ribaillier entre autres, affectent cette forme monumentale et un peu symbolique qui sied mieux à des sculptures d'église qu'à des meubles d'appar-

tement. Il est à présumer que l'exposition en est
cause, et que dans des travaux ordinaires les ébénistes ne visent pas si haut ; à le faire ils manqueraient le but. A ce point de vue, la province se
montre plus sage que Paris, s'il faut en juger par
l'exposition de M. Beaufils, de Bordeaux. Sans négliger la décoration, M. Beaufils ne lui accorde pas
une importance exagérée; il a une bonne partie de
sa clientèle en Amérique, et ses meubles convien-
nent à l'exportation. Aussi s'en tient-il à deux conditions essentielles : bonne confection et prix modérés. Cela vaut mieux que les tours de force et
l'excès de raffinement.

Les clients de M. Tahan lui demandent autre chose,
et il les sert suivant leurs goûts. Certes les petits
meubles de M. Tahan sont des merveilles ; mais il y
a quelque chose de plus merveilleux encore que ces
meubles, ce sont les prix qu'il y met. La plume se
refuse à les reproduire, tant ils semblent empruntés
au monde des fables. Tant d'or pour un nécessaire,
pour un coffret, pour un bureau en miniature, et
cela quand les vivres sont chers et les loyers ina-
bordables! Après tout, c'est une affaire à régler entre
M. Tahan et les privilégiés de la fortune. L'essentiel,
c'est qu'il plaise à ce public, et il y emploie tous ses

soins. Son bureau sculpté à jour fera des caprices ; il est impossible de rester indifférent devant ces fleurs et ces fruits taillés dans le poirier ; c'est fait de main de maître. Il y a moins à louer dans la volière qui figurait au centre du Palais et dans la bibliothèque en acajou qui porte un excès de charge en bronzes et en cuivres dorés. Peut-être est-ce moins la faute de celui qui a exécuté ce meuble que de celui qui l'a commandé ; de pareilles concessions sont fréquentes, et elles expliquent comment les industries qui tiennent à l'art ne peuvent pas s'élever de nos jours à la supériorité qu'elles ont eue à d'autres époques. En effet ni le fabricant ni l'ouvrier ne sont libres en présence de l'acheteur ; il faut qu'ils subordonnent leur goût à ses convenances ou à ses caprices. Autrefois l'artiste n'avait affaire qu'à des souverains ou à des grands seigneurs ; maintenant il est obligé de compter avec tout le monde, et souvent de se gâter la main pour plaire à des acquéreurs inintelligents. La profusion des ornements nous vient de là ; c'est une des faiblesses des parvenus. On aime ce qui brille, ce qui saute à l'œil, ce qui a les apparences de la richesse ; on prise moins les travaux délicats ou sévères qui s'adressent à l'élite et visent à des suffrages plus éclairés.

Dans le découpage des bois et dans la marqueterie, les progrès sont sensibles; l'imitation des ouvrages du dernier siècle y est poussée à un point
surprenant. Parmi les découpeurs habiles il faut
citer M. Souvrezy, qui expose une console en poirier finement coupée, un écran taillé dans le palissandre massif et un grand bureau plat en chêne
blanc avec des moulures en poirier noirci. M. Jean-
selme jeune, dont l'exposition est un peu succincte,
a un très-beau fauteuil dans le style Louis XVI.
Parmi les cheminées sculptées, celle de M. Rou-
dillon se fait remarquer. Quant à M. Cremer, il tient
un bon rang à la fois dans le découpage et dans la
marqueterie; c'est le fabricant en crédit; la plupart
des meubles en ce genre sortent de ses ateliers. Il ne
fait pas d'ébénisterie, mais seulement des plaques
de bois de diverses couleurs que les ébénistes dis-
tribuent ensuite à leur guise. M. Wasmus se distingue
à un autre titre : il brûle les bois pour leur donner
différentes teintes et les assemble ensuite; c'est un
procédé ancien qu'il a étudié avec soin et qu'il emploie avec succès. Dans les laques, il y a quelques
pièces d'assez bon goût et un effort pour se rapprocher du Japon et de la Chine. Quelques ébénistes,
comme M. Hoeffer, ont essayé de tirer parti des bois

que peut fournir notre colonie du nord de l'Afrique,
du thuya, du houx et du buis, et ces essais sont
généralement heureux. D'autres fabricants ont employé avec plus d'avantage encore les bois teints en
grume par le procédé de M. Boucherie et dont la
coloration ne laisse rien à désirer. Enfin il est d'autres exposants qui ont cherché à attirer la curiosité
publique par des combinaisons ingénieuses et des
meubles à surprises ou à double fin : ce sont là des
joujoux avec lesquels l'art n'a rien à démêler.

Dans cette exposition de l'ébénisterie, quelle est
la part de l'industrie étrangère? Fort restreinte en
quantité et en importance. On dirait que les ouvriers du dehors ont craint de se mesurer avec les
nôtres et fuient le rapprochement. S'il en est ainsi,
ce serait céder à un mauvais sentiment. Un concours comme celui dont nous sommes témoins a
moins pour objet de vaincre que de s'éclairer. Aussi
ne saurait-on faire trop d'accueil aux hommes qui,
comme MM. Jackson et Graham, se sont mis au-
dessus de ces préventions étroites et ont bien voulu
nous fournir quelques éléments de comparaison.
On a pu voir dans la nef du Palais le meuble en
bois de rose qu'ont exposé ces fabricants et qui
leur a valu une récompense de tout point méritée.

C'est un fort bel ouvrage, dans le style Louis XVI, avec quelques parties de marqueterie et surmonté d'une glace qu'entoure un cadre sculpté et doré. L'ébénisterie en est entièrement anglaise, et donne une idée avantageuse du degré de perfection que cette industrie a atteint chez nos voisins. M. Holland a également exposé un cabinet en bois noir, orné de grisailles dont quelques parties sont d'un bon effet. Le nord de l'Europe, où les sculpteurs habiles ne manquent pas, est représenté par M. Hausen, de Copenhague, qui a une fort belle bibliothèque en style gothique, et surtout par une série de chaises dans le même style qui appartiennent à MM. Cuypers et Nencman, pièces bien étudiées, bien sculptées et dont les figures et les rinceaux méritent des éloges. L'Inde anglaise ajoute à ces échantillons de l'art étranger des mosaïques d'ivoire et de bois qui sont un témoignage de plus de la patience et du génie de ses inimitables ouvriers.

Que conclure de cet examen rapide et quel horoscope en tirer? L'ébénisterie a beaucoup fait sans doute, mais il lui reste encore plus à faire. Après avoir parcouru le cercle des imitations, il est temps qu'elle prenne un caractère qui lui soit propre et aspire à l'originalité. Ce n'est pas là, j'en conviens, une tâche facile. Dans la sphère des arts, comme dans les autres sphères, il y a des limites assignées à l'esprit humain, et à mesure que les civilisations vieillissent le champ de l'invention se rétrécit; même dans ce qui paraît le plus nouveau il n'y a guère qu'une combinaison et une appropriation heureuses des formes du passé. N'importe, plus la tâche est ingrate, plus elle promet de gloire à qui l'accomplira. Le génie d'ailleurs, quand il se révèle, a une force et une puissance devant lesquelles on voit les résistances céder et les obstacles s'aplanir. Tout ce qui nous enchaîne aujourd'hui à une certaine médiocrité, la diffusion de la richesse, l'action qu'exerce dans le domaine des arts cette foule de clients qui autrefois s'en tenaient éloignés, l'altération du goût dont cette invasion a été suivie, la nécessité où l'on est d'y conformer les travaux de la pensée et de la main, tous ces empêchements, toutes ces difficultés ne seront rien le jour où prévaudra une inspiration réelle et où le génie, un génie véritable, se montrera. Mais les génies, où sont-ils? qui en donnera à notre monde appauvri? C'est du ciel qu'ils descendent, et il en est avare. Qui nous donnera surtout de ces génies simples dans leur grandeur, et qui, à force de s'enivrer d'eux-mêmes, ne gâtent pas les dons qu'ils ont reçus d'en haut? C'est là le problème, et, à vrai dire, il n'est pas à la veille d'être résolu.

LES OBJETS HORS DE CLASSE.

Il y a à l'exposition quelque chose de plus curieux à étudier que l'exposition même ; c'est la foule qui s'y succède. Cette foule est un spectacle toujours piquant et toujours nouveau. Quel sujet d'études pour la plume et pour le crayon ! Que de variétés et de contrastes ! Que de bonnes physionomies dans ce flot mobile ! Comme chacun y garde le cachet de sa nationalité, depuis l'Anglais en casquette de voyage et en gants chamois jusqu'à l'Allemand, qui retrempe son admiration à toutes les buvettes. Comme l'Espagnol y est espagnol, l'Américain du Nord américain du Nord ! Et les femmes ! sont-elles assez de leur pays ? Leurs visages n'en diraient rien que leurs chapeaux les trahiraient. Parmi ces robes et ces mantelets, combien ont franchi les mers ou traversé rivière sur rivière avant de se montrer sous ces voûtes où toutes les coupes et tous les tissus se confondent dans une même hospitalité?

Voilà un premier champ ouvert à l'observation, et qu'il est vaste! Point de région ni de peuple qui n'y fournissent un contingent. J'ai aperçu pour ma part, dans les galeries du palais, des Tyroliens coiffés de leur chapeau en cône, des Orientaux en cafetan, des Arabes en burnous, des Catalans avec leurs espadrilles, des Écossais aussi légèrement vêtus qu'on peut l'être dans les Hautes Terres, tous les costumes et tous les teints; blanc, noir, cuivré et jaune. Eh bien! autant de races, autant d'impressions, et Dieu sait lesquelles! Puis, outre la race, il y a l'individu, autre élément d'observation non moins fécond ni moins varié. Les visiteurs à l'exposition sont un peu comme les fagots de Sganarelle; il y en a des uns et des autres. Il y a le visiteur sérieux qui examine en connaissance de cause, le visiteur spécial qui s'attache aux objets de son commerce et couvre le reste de ses dédains, le visiteur superficiel qui voit et juge au pied levé, le visiteur qui prend des notes, celui qui commente à haute voix, celui qui s'informe des prix et charge son calepin d'adresses, le visiteur isolé qui erre de vitrine en vitrine et ne jouit de rien faute d'un confident, le visiteur en famille qui a le souci contraire et veille surtout à ce qu'aucun des siens ne s'égare, le visiteur qui fait le modeste et celui qui tranche de l'important, le visiteur qui va droit au meilleur buffet et en étudie à fond les ressources, le visiteur des jours réservés et celui des jours au rabais, le visiteur qui traverse le palais comme une flèche et celui qui volontiers y élirait domicile et, n'étaient les gardiens, passerait la nuit au sommet d'un phare, ou camperait entre la Turquie et la Chine, sur une natte à défaut d'un tapis.

J'indique ces sujets et n'y prétends point de droits d'auteur ; que d'autres les traitent : ils appartiennent au domaine public ; ni la reproduction ni la traduction n'en sont interdites. Ce que je veux étudier aujourd'hui, c'est moins la foule en elle-même que la foule dans les directions qu'elle prend, les impulsions qu'elle reçoit, les goûts et les préférences qu'elle manifeste.

Le cœur humain est ainsi fait qu'il poursuit surtout ce qu'il ne lui est pas donné d'atteindre. Point de livre de philosophie qui n'ait signalé cette disposition et ne se soit évertué à la combattre. Tempérer ses désirs, c'est ce qu'enseignent les sages : ils ont là-dessus des préceptes de la plus grande beauté, et qui ont d'autant moins vieilli qu'il en a été fait plus rarement usage. Mêmes recommandations à propos du luxe, sans compter que la loi s'en est souvent mêlée et a porté des peines contre les écarts somptuaires. A quoi cela a-t-il abouti ? on peut le voir. En dépit des maximes et des édits, l'homme est resté ce que la nature l'a fait, avide de nouveautés et de jouissances, inquiet, remuant, aimant le bruit et l'éclat, allant vers l'inconnu avec une sorte d'ivresse, mal à l'aise dans sa sphère et tourmenté du besoin d'en sortir, dédaignant ce qu'il a sous la main pour convoiter ce qui est hors de sa portée, chimérique et positif, fasciné par ce qui brille : par les verroteries quand il est sauvage, par les pierreries quand il est civilisé ; faisant toujours une part, même dans la plénitude de sa raison, au clinquant, à l'imaginaire, à ces hochets de la vanité qui sont de tous les pays et de tous les temps et semblent porter des défis aux moralistes, avec l'insolence d'une longue impunité.

S'il en fallait une nouvelle preuve, l'exposition se chargerait de nous la fournir.

Dans une société où régneraient des goûts sensés et qui ne sacrifierait pas autant à la fantaisie, quel serait le mouvement de cette foule après avoir fran-

chi les portes du palais? Il est aisé de répondre à
cette hypothèse. Naturellement chacun devrait aller
d'abord vers les objets qui le touchent personnelle-
ment, dont il connaît la valeur et l'emploi, qui se
rattachent à sa profession ou lui sont d'une utilité
notoire, là en un mot où un intérêt direct peut et
doit l'attirer. Ainsi l'agriculteur se porterait du côté
des machines qui aident et suppléent les bras de
l'homme, des instruments qui donnent au travail
plus de précision et de sûreté, des produits du sol
étranger, comme élément de comparaison. De son
côté l'industriel, ouvrier ou patron, irait droit aux
outils et aux produits de son ressort, jugerait les
autres et se jugerait lui-même, verrait d'un coup
d'œil quels progrès lui restent à faire, quels perfectionnements à obtenir. Et quant aux hommes à qui
manque un but spécial, n'ont-ils pas, en leur qualité de consommateurs, une enquête générale à poursuivre ou à compléter? N'ont-ils rien à apprendre
sur les articles usuels, sur ceux qui défraient leurs
besoins journaliers? Ne leur importe-t-il pas de connaître ce qu'on a imaginé de mieux, soit en France,
soit au dehors, pour loger, nourrir, vêtir, éclairer,
chauffer les populations, quels sont les objets les
plus avantageux, les prix les plus discrets, les pro-

cédés les plus économiques, tout ce qui ajoute au bien-être, accroît les facilités de vivre et compte dans l'existence comme utilité d'abord, puis comme agrément?

Voilà de quelle façon devraient se régler les mouvements de la foule dans une société sensée et positive comme on dit qu'est la nôtre : d'abord les objets essentiels et accessibles, puis les frivolités et les curiosités que personne n'a la prétention d'acquérir. Est-ce le spectacle auquel nous assistons, et les rôles se distribuent-ils de cette manière? La vogue est-elle acquise aux produits utiles, aux industries élémentaires, à celles qui emploient le plus de bras et s'adressent au plus grand nombre de clients? Hélas! non, et là-dessus aucune illusion n'est possible; il suffit d'un regard pour juger que c'est l'inverse qui a lieu.

Où vont ces flots de monde? où aboutit cette file qui remplit la rotonde et se développe dans les galeries extérieures? S'agit-il d'un spectacle gratis ménagé au sein du palais? Il faut alors que ce spectacle offre un attrait bien vif et soit du goût de toutes les classes. J'aperçois là comme un abrégé du personnel social, depuis la grande dame en toilette du matin jusqu'à la grisette dans ses plus beaux atours,

des gens du monde mêlés aux gens de la campagne,
des artistes, des ouvriers, des hommes qui vivent
de leurs rentes près d'hommes qui vivent du travail de leurs mains. Et comme cet attroupement
supporte les ennuis de l'attente! Quelle persévérance
exemplaire! quelle méritoire opiniâtreté! Point de
privilége ni de passe-droit; plumes ou bonnet,
blouse ou habit noir, robe de satin ou robe d'in-
dienne, tout relève de la même police, emboîte le
même pas et fait plusieurs heures durant le même
pied de grue. C'est l'égalité dans toute sa rigueur,
comme la prêche l'Évangile, comme elle règne aux
portes du ciel.

Pourquoi cette attente? pourquoi cette corvée?
en quel honneur se forme ce rassemblement toujours
le même et toujours nouveau? En l'honneur des diamants de la Couronne. C'est le grand succès de l'exposition, celui que personne ne conteste, dont personne ne se défend et qui a un caractère évident
d'universalité. Au lieu d'aller d'abord vers les objets de sa compétence, tout visiteur marche vers
l'idole et s'empresse de lui payer tribut. Il y em-
ploiera une séance entière s'il le faut, s'y morfondra
au milieu de coudes turbulents et de piétinements
incommodes, malgré la fatigue, malgré la chaleur

et les révoltes de son odorat; mais il n'en aura pas le démenti, il aura satisfait au premier et principal article de son programme, il aura vu les diamants de la Couronne.

Encore s'il avait le sentiment de ce qu'il fait et la conscience de ce qu'il admire; s'il connaissait l'histoire de ce Régent **qui pèse cent trente-six carats** et est estimé cinq millions; s'il savait comment il fut acquis et à travers tant de révolutions conservé à la France; s'il pouvait apprécier ce que vaut cette couronne qui figura, je crois, au sacre de Charles X, l'un des chefs-d'œuvre de la maison Bapst, qui en compte et aujourd'hui encore en expose tant d'autres; s'il savait quel art patient et ingénieux il a fallu pour faire entrer dans une seule pièce et juxtaposer 5,200 brillants, 144 roses et 59 saphirs d'un prix de 15 millions environ; s'il avait une notion, même superficielle, des grandes existences en fait de diamants, par exemple celui du rajah de Bornéo, qui pèse 300 carats; celui de l'empereur du Mogol, qui en pèse 279 et que Tavernier évaluait à 18 millions; celui de l'empereur de Russie, du poids de 136 carats; celui de la couronne d'Autriche, qui va à 139 carats; enfin les deux diamants d'une notoriété plus récente, le *Koh-i-Nor*, exposé à Londres en 1851, et l'*Étoile-du-Sud*, que M. Halphen expose à Paris et qui atteint, dit-on, le poids de 125 carats! .

Mais qu'importe au visiteur cette nomenclature? Descend-il à de pareils détails? Il a vu les diamants de la Couronne, c'est tout ce qu'il en veut. Quand cette Cauchoise avec sa coiffure en pyramide, quand ce mineur venu des houillères du Nord, cet herbager du Cotentin, ce vigneron de la Bourgogne, ce forgeron du Berry, ce saunier des côtes de la Manche, ce pâtre de l'Auvergne ou du Jura, ce tisserand de la Normandie ou de l'Alsace, ce bûcheron des Ardennes ou des Vosges, ces ouvriers de Saint-Étienne et de Lyon qui donnent à la soie des formes si variées et si riches; quand ces milliers de curieux venus de tous les points du territoire retourneront les uns vers leurs champs, les autres vers leurs ateliers, dans leurs villes ou dans leurs hameaux, quel souvenir restera le plus profondément gravé dans leurs mémoires? Celui des diamants de la Couronne. Ils en parleront beaucoup plus que de ce qui les touche, et réussiront mieux ainsi à se faire écouter, tant est général l'empire du merveilleux, tant est grande la puissance des mots.

Il faut dire qu'on y aura un peu aidé par la mise

en scène. J'aurais voulu qu'à montrer ces joyaux on déployât moins d'appareil et qu'on en fît quelque chose de moins solennel et de moins théâtral. Un peu de simplicité n'eût pas nui à la grandeur et à l'intérêt du spectacle. Que signifient cet échafaud ménagé au milieu de la rotonde, cette double estrade par laquelle la foule monte et descend, cette niche qui semble disposer les esprits à l'adoration, et ces gardiens qui ont toujours à la bouche les mots familiers à Isaac Laquedem : « Marche! marche! » comme s'ils avaient peur que l'éblouissement ne dégénérât en convoitise et que le plaisir des yeux, prolongé outre mesure, ne poussât les doigts à de moins légitimes entraînements? J'avoue que l'ensemble de cette exhibition m'a toujours laissé un sentiment pénible. En serait-il autrement s'il s'agissait de montrer aux fidèles, empressés et fervents, un reliquaire précieux, la châsse d'un saint, un morceau de la vraie croix? Hélas! c'est aussi un culte que celui-là, et un culte bien dominant, celui de millions réunis dans un petit volume et sous une forme qui frappe les imaginations. Mais ce culte n'a pas besoin d'être encouragé; il fait son chemin tout seul et se passe d'auxiliaires.

Ce penchant de la foule pour ce qui brille au regard et sort de la vie usuelle ne se trahit pas seulement sur ce point du palais ; partout il se reproduit et se retrouve. Quand les curieux en ont fini avec les diamants de la Couronne, où vont-ils, où se portent ils ? Aux porcelaines de Sèvres et aux tapisseries des Gobelins. Cette fois, je l'avoue, la force me manque pour les blâmer : on ne peut être censeur là où on est complice. Je sais tout ce qu'on peut dire contre ces produits d'exception pour lesquels la dépense n'est point en rapport avec les résultats et qui ne s'obtiennent qu'au moyen de grands sacrifices. Mais ,c'est là, pour notre pays, une affaire de tradition et des plus dignes de respect. Fonder aujourd'hui de tels établissements serait insensé ; les supprimer, les amoindrir, quand ils ont la consécration des siècles, ne le serait pas moins. D'ailleurs il est bon d'entretenir au sein de la foule le sentiment des beautés de l'art, et rien ne vaut pour cela ces ateliers qui ne relèvent que d'eux-mêmes et conservent intacts les éléments d'une exécution supérieure. Ce sont autant d'écoles pour l'industrie ordinaire, autant de modèles qui lui sont offerts et l'obligent à élever son niveau. Ainsi envisagés, les frais de ces établissements ne sont pas sans compensation ; si l'État y perd, la nation y gagne, et peut-être leur devons-

nous cette supériorité de goût qui distingue nos produits et en assure le débit.

J'accepte donc comme une faiblesse justifiée l'intérêt qui s'attache à ces belles pièces que Sèvres expose et qui n'ont point de rivales, à ces porcelaines
dures où MM. Diéterle, Choiselat, Feuchère, Klag-
mann, André, Delacour, Roussel et d'autres encore
ont épuisé les ressources de l'art le plus raffiné et le
plus ingénieux, aux frises sur biscuit, aux coffrets,
aux candélabres, aux jardinières, au baptistère en
pâte céladon, aux jattes, aux coupes, aux services
de table, aux émaux de MM. Apoil, Meyer et Schill,
et à cette collection de porcelaines tendres qui rappelle un procédé dont la vogue fut grande et qui est
une des traditions de notre établissement officiel.
J'en dirai autant des tapisseries de haute lisse qu'exposent les Gobelins et Beauvais, des tapis de la Savonnerie, celui entre autres qui a été exécuté pour
un salon du pavillon Marsan. Tout cela est du plus
grand style et d'une exécution qui ne laisse rien à
désirer : à en parler, même en passant, il ne faut oublier ni les noms des artistes qui y ont concouru ni
les œuvres auxquelles ces noms se rattachent; par
exemple *la Psyché*, d'après Raphaël, par MM. Buffet
et Munier; *la Pêche miraculeuse*, de MM. Flament;

la Vierge au poisson, de M. Munier; le canapé, de
MM. Carmont et Chabal; les chiens de chasse, de
M. Lépine; la Nature morte, de MM. Chevalier et
Dufour; les raisins sur un vase antique, de M. Fal-
loux; les attributs de l'hiver, de M. Milice; les
écrans, les meubles style Louis XVI, de MM. Dubigny,
Quentin et Levesque; enfin la Fable de la Fontaine,
de MM. Milice et Chevalier. Je cite sur des notes
prises à la hâte, et peut-être ai-je omis quelques
noms et des meilleurs; c'est inévitable dans une
œuvre collective.

Mais j'en reviens à dire que, si c'est là de l'art et
de la grande industrie, ce n'est en vue ni de cette
industrie ni de cet art qu'une exposition universelle
a lieu, et que, s'ils en sont le brillant accessoire, ils
ne sauraient avoir la prétention d'en être l'objet
principal. Il y a toujours dans les travaux que le
gouvernement provoque et féconde quelque chose
d'artificiel et qui s'écarte du régime ordinaire des
ateliers. Point de rapprochement, point de concurrence possibles entre les produits de l'une et de
l'autre origine. L'État agit en patron magnifique qui
ne lésine sur rien, paye libéralement son monde,
ne regarde ni au coût de la matière ni au prix de
de la main-d'œuvre, tandis qu'un établissement

privé est obligé, sous peine de périr, d'établir la balance entre ses recettes et ses dépenses et de la faire incliner plus ou moins à son profit. Puis l'État a un second et précieux avantage, celui d'être son propre client et de ne redouter ni les caprices ni le délaissement des acheteurs, tandis qu'un établissement privé est le serviteur de tout le monde, le jouet de tous les goûts, et doit constamment se tenir sur la défensive tant pour maintenir ses prix que pour faire valoir ses qualités.

A ces divers titres, les produits officiels sont, je le répète, de véritables hors-d'œuvre dans une exposition de l'industrie proprement dite ; et quand l'attention du public s'y fixe trop vivement cette exposition manque son but et dévie de son objet. Une exposition, si je ne me trompe, est un combat à armes égales, et ici où est l'égalité ? C'est en outre une réunion d'articles d'un usage courant et auxquels chacun peut prétendre, tandis que dans ces porcelaines d'un grand prix et ces tapisseries de haute lisse il est impossible de voir autre chose qu'un luxe de souverain et tout au plus de quelques grands seigneurs.

C'est pourtant à cela que s'attache d'abord la foule, qui ne boira jamais dans du Sèvres et ne

songe pas à tendre ses appartements avec des Gobelins.

Il y a plus, le voisinage de ces morceaux d'art
est contagieux et semble agir comme aiguillon sur
l'industrie ordinaire ; de là des efforts qui rappellent la grenouille voulant imiter le bœuf. On sait
comment se passaient les choses aux belles époques
du compagnonnage, lorsque chaque corps ou frac-
tion de corps d'état se piquait de produire son *chef-
d'œuvre* et de le mettre au-dessus de toute rivalité.
Que de temps et d'efforts dépensés pour aboutir à
quelque pièce bizarre et d'un goût suspect; une
cathédrale en miniature, un palais byzantin, une
coupole démesurée. Puis, quand il s'agissait d'ad-
juger le prix, les passions s'en mêlaient et la victoire
restait aux compagnons qui avaient les poings les
plus solides et les bâtons les plus noueux. Il en est
de même parmi les exposants; c'est à qui aura et
montrera son *chef-d'œuvre*. Dieu sait que de tours
de force ont été exécutés avec cette idée fixe d'éblouir
le public et d'écraser ses concurrents ! Ni l'argent ni
la patience n'y ont été épargnés. On a tourmenté le
bois, le cuivre, tous les métaux, toutes les matières
textiles pour en faire sortir de fastueuses inutilités,
des prodiges ruineux, des phénomènes à l'appui des-

quels un peu de musique ne serait pas déplacée. Qui sait même si avec une police moins bien faite les poignets ne s'en mêleraient pas?

Du haut en bas du palais, au rez-de-chaussée comme dans les galeries supérieures, dans l'annexe comme dans la rotonde, partout je retrouve cet effort, cette contention, cette tendance de l'industrie libre à viser plus haut qu'il ne convient et qu'elle ne doit. Pour parler de ce que je puis mieux juger, voici, par exemple, une tapisserie de MM. Sallandrouze, représentant une vue du port de Marseille. C'est un chef-d'œuvre, je le veux bien; mais ce n'est point Marseille; j'ai beau m'y reprendre, je ne reconnais ni ces eaux, ni ce ciel, ni ces rochers, ni surtout ce palais qui appartient au monde imaginaire et met en défaut mes souvenirs. Non loin de là MM. Requillard nous montrent aussi leur chef-d'œuvre, un meuble de salon où la laine, dans ses nuances délicates, semble porter un défi au burin et au pinceau, où chaque médaillon est une peinture achevée et vivante. Mais, de grâce, qui oserait s'asseoir sur ces petits Amours si joufflus, si frais, si roses, au risque d'en altérer le teint et d'en dénaturer les formes? Ce sera tout ce que vous voudrez, des tableaux, des mosaïques; ce ne sera ni un

canapé ni des siéges; les réduire à cette condition
serait les outrager. Et cette glace qu'expose la manufacture de Saint-Gobain et qui semble nous in-
sulter du haut de sa taille! Comment l'assortir? où
la placer? Voilà deux problèmes. Je ne vois pas de
palais qui soit à sa mesure ni de population de
géants qui puisse s'y regarder sans affront. Toujours et partout des produits d'apparat!

Même dans les objets usuels règne cette exagération épidémique et surtout chez les exposants de
seconde main. A ce sujet, qu'on me permette une
simple observation : il me semble que la commission s'est montrée bien indulgente pour les exposants de cette catégorie. Que le palais fût ouvert aux
fabricants, aux inventeurs, à tous ceux qui produisent, créent avec plus ou moins de succès et une
habileté plus ou moins grande, c'était dans l'ordre.
Tout ce qui appartient directement à l'industrie, à
une industrie honorable y avait droit d'asile. Mais
les intermédiaires ne pouvaient prétendre à la
même faveur; sauf quelques exceptions bien rares
et surabondamment justifiées, ils ne devaient pas
figurer dans ce concours. Ce qu'ils étalent sous leur
étiquette et en y attachant leurs noms est l'œuvre
d'autrui et constitue une sorte d'usurpation. Même

quand ils ont ajouté une façon, une forme particu-
lières, la propriété initiale n'en reste pas moins où
la justice veut qu'elle soit, c'est-à-dire au fabricant,
à celui qui a transformé la matière brute en un
produit industriel. S'écarter de ce principe, c'était
faire dégénérer l'exposition et lui donner ces airs
de bazar qu'on y remarque de loin en loin et qui
jurent avec la grandeur et la sévérité de l'ensemble.

C'est aux produits de seconde main que l'on peut
surtout adresser ce reproche, sur lequel j'insiste à
dessein; c'est là que se donnent carrière les écarts
de la montre et de l'étalage. Pour les grands magasins de Paris, pour les marchands et marchandes
en crédit, pour ceux qui tiennent le sceptre de la
mode ou y aspirent, c'était une belle occasion d'an-
nonces gratuites, et ils n'ont pas manqué d'en tirer
parti. Ceux même qui n'étaient pas admis aux honneurs directs de l'exposition ont su y arriver par
des moyens indirects et figurer comme acquéreurs,
sinon comme exposants. De là un bariolage de noms
et d'adresses, multipliés comme un défi aux concurrents et une amorce aux acheteurs. Aussi que de
merveilles et à quels prix! Des robes en dentelles
de 40,000 fr.! des robes simplement brodées de

4,000 fr. ! des mantelets de 10,000 fr. ! des manteaux de cour de 20,000 fr. ! de simples corsages qui
coûtent 15,000 fr. ! Jusqu'à des chemises d'hommes
qu'on ne donne pas pour moins de 1,000 fr. et que
je ne consentirais pas à porter, dût-on m'en donner
mille autres pour cela. Il n'y a qu'un prince allemand qui puisse se mettre sur la poitrine ces tissus
à jour, où tout est festons et astragales, et encore
faudrait-il y ajouter, comme assortiment, la per-
ruque de soie, les épaulettes en diamants et le luxe
de broderies et de crachats qui distinguent les cours
de la Confédération germanique. Vraiment, c'est à
en prendre le luxe en pitié. Il n'est point de loi
somptuaire qui puisse, mieux qu'un tel spectacle,
ramener le public à des goûts plus simples; c'est le
luxe dans son ivresse, et il n'est pas édifiant à voir.

Et cependant, si la foule se montre quelque part
à flots plus pressés, soyez sûr qu'elle a en face
d'elle un de ces étalages. Elle en rit parfois, mais
elle s'y arrête; elle n'y prétend pas, mais elle regarde. Il existe dans le rez-de-chaussée du palais des
expositions vraiment sérieuses et où nos grandes
industries ont déployé leurs richesses, où chaque
nom de ville, chaque nom de fabricant rappellent
des succès ininterrompus, où près d'anciennes re-

nommées s'élèvent des renommées nouvelles, toutes justement acquises et en possession d'une légitime popularité. Il y a là Roubaix, Reims, Tourcoing, Sédan, Louviers, Elbeuf, la Normandie, l'Alsace, nos cités, nos provinces manufacturières. N'y allez pas ; c'est un désert, c'est une Thébaïde : à peine y trouveriez-vous quelques ombres égarées qui les traversent à la course, ou quelques connaisseurs honteux de leur isolement. La foule n'est pas aux choses utiles ; il lui faut des spectacles, et c'est ailleurs qu'elle en va chercher.

Rien ne servirait de s'en affliger ou de s'en plaindre ; il est des courants contre lesquels on ne saurait lutter. La commission impériale l'a compris elle-même et a fait récemment un effort pour ramener le public dans une direction plus sensée et plus vraie. Elle a imaginé une exposition spéciale dans l'exposition générale, celle des produits à bon marché et d'usage courant. L'idée est juste, l'intention bonne ; le succès y répondra-t-il ? Je me propose de voir cela près et en détail, et, s'il y a lieu, d'en dire mon sentiment.

LE SAVON.

Je me propose de parler du savon comme d'un compatriote : nous avons eu le même berceau, et il est doux de s'occuper des choses au milieu desquelles on a grandi et qu'on a bien connues. Peut-être me manque-t-il un peu de chimie pour cela : j'essayerai d'y suppléer par quelques notions, telles quelles. Il ne faut pas, en matière de technologie, se montrer trop exigeant vis-à-vis des hommes de notre génération ; ils n'ont pu choisir entre la classe des lettres et celles des sciences, ni profiter de ce qu'on nomme la bifurcation des études. De notre temps nous n'usions pas de si gros mots.

Que le savon soit né à Marseille, c'est de notoriété publique, et j'y ai cédé en le répétant. Il convient pourtant de faire des réserves. Les premières fabriques de savon furent établies à Savone dans le cours du sixième siècle, et à défaut d'une tradition plus formelle le nom seul du produit dénoncerait cette origine. Le voisinage de grands bois d'oliviers fournissait la matière essentielle, l'huile, et quant aux alcalis, on se contenta d'abord des plus grossiers, par exemple des cendres provenant du foyer ou de la combustion de quelques plantes marines, comme la soude. Un lessivage et un amalgame, voilà à quoi se réduisirent les procédés en usage dans cette période de début, procédés bien élémentaires, comme on le voit, et qui pourtant sont restés les mêmes, sauf de légers perfectionnements.

Cette industrie s'adressait à l'un des besoins sur lesquels on peut mesurer le degré de richesse et de civilisation des peuples. Le savant M. Liebig en juge ainsi, et il ajoute que les seigneurs du moyen âge, avec leur luxe de vêtements, d'armes et de chevaux, étaient bien voisins de la barbarie pour tout ce qui tient aux soins de la personne. L'honneur des temps modernes sera d'avoir écarté ce faste au profit d'une plus grande propreté, et, s'il faut en croire le chimiste allemand, l'usage du savon entre pour une bonne part dans ce progrès. Il a même là-dessus des formules presque mathématiques : tel chiffre de savon consommé, telle somme d'aisance; en d'autres termes : Dis-moi comment tu te laves, je te dirai qui tu es. M. Liebig était évidemment sur la voie des étuves et des bains populaires.

Quoi qu'il en soit, l'industrie du savon acquit dès l'origine une grande importance, et bien des villes s'en disputèrent le sceptre avant qu'il échût à Marseille, où il devait rester. Gênes, Alicante, Malaga, Barcelone eurent leurs savonneries et firent valoir à l'envi les avantages de leur position..Rien de plus légitime; mais voici qui l'est moins. Un matin, Gênes s'éveilla avec l'idée que Savone, sa voisine, jouissait depuis trop longtemps des bénéfices de sa découverte. Comment tolérer cela? Une petite ville épiscopale en remontrer à une aussi fière république, lui tenir tête et la vaincre dans un duel manufacturier! C'était d'un détestable exemple, et il fallait en finir. De quelle manière? Ici les Génois firent preuve d'imagination. Dans la nuit même, vingt galères quittèrent leur môle, chargées de blocs de rocher et de tous les débris de fer et de fonte qu'on put recueillir dans les arsenaux. Elles voguèrent en silence vers Savone, et, arrivées devant ce petit port, en comblèrent l'entrée en jetant leurs cargaisons à la mer. Le lendemain, les gens

de Savone avaient encore un port, mais un port
sans issue vers le large. Voilà les premières prouesses de la concurrence de nation à nation et un
moyen passablement brutal de se débarrasser d'un
rival incommode. De nos jours on y met plus de
formes sans y mettre moins d'âpreté; au lieu de
blocs de pierre, on a des tarifs de douane et des droits
différentiels. C'est aussi sûr et moins barbare.

Les violences profitent rarement, et Gênes l'éprouva bien; cette industrie dont elle s'était emparée de vive force lui échappa insensiblement. On
a dit que les fabricants ne purent imputer leur décadence qu'à eux-mêmes, et que des fraudes nombreuses amenèrent le délaissement qui les frappa.
On ajoute que le sénat fut obligé de sévir et de faire
brûler sur les places publiques des masses de savon
surchargé de corps hétérogènes. Je doute que ce
motif soit le seul et le vrai, et en y réfléchissant on
en trouve de bien plus péremptoires pour expliquer
ce déplacement d'industrie. En effet, c'est vers ce
temps que les grands États de l'Europe entrèrent.
résolûment dans cette voie qui consiste à favoriser
le regnicole et à exclure l'étranger dans toute la
sphère des transactions intérieures. Dès lors chaque
État demeurait en présence de ses débouchés et de

sa consommation propre. Or, que restait-il à Gênes,
réduite à son domaine naturel ? Un territoire insignifiant et une population bien restreinte. Marseille,
au contraire, qui déjà s'essayait à cette fabrication,
avait à ses portes le plus beau marché du monde,
ce marché de France dont elle était le pourvoyeur
privilégié et que lui assurèrent mieux encore des
règlements de commerce et de navigation. De là
un développement de travail devant lequel Gênes
dut désarmer, comme désarmèrent plus tard Venise,
Carthagène, Alicante et Gaëte. Si Marseille l'emporta, c'est qu'elle desservait un rayon plus étendu
et défrayait les besoins de populations plus nombreuses.

En possession de l'industrie du savon, Marseille
en a été, il faut le dire, la bonne et fidèle gardienne.
C'est même un fait curieux et presque unique dans
l'histoire des arts manufacturiers qu'une fabrication
demeurée pendant plus de deux siècles conforme à
elle-même, et, lorsque autour d'elle tout se trans-
formait, conservant presque intacts ses procédés,
ses instruments, ses combinaisons et jusqu'à ses
mélanges. Non pas que des changements et des améliorations n'aient eu lieu, et je dirai lesquels ; mais
la part de la tradition est encore la plus grande, et

l'aire d'une savonnerie, avec ses chaudières au centre et ses bacs à lessive sur les côtés, est un des derniers monuments d'autrefois que le génie moderne ait respectés faute de pouvoir rien mettre à la place. Nulle part la main de nos pères n'a laissé une plus puissante empreinte ni mieux assuré la durée de ses œuvres.

. Les personnes, nombreuses dans ce pays, qui convient volontiers le gouvernement à s'emparer de la tutelle du travail ont vu l'origine de cette prospérité dans un édit du 5 octobre 1688 qui imposa à la fabrication du savon des règlements très-sévères. Non-seulement cet édit suspendait l'activité des établissements dans le mois de juin, juillet et août, mais il excluait de la composition de la pâte tout corps gras qui ne fût point l'huile d'olive pure; il allait même jusqu'à fixer l'époque où l'huile nouvelle pourrait être employée : le tout sous peine de confiscation de la marchandise. Comme sanction et comme garantie, une sorte de conseil de pru-d'hommes, composé de deux négociants experts, devait veiller à l'exécution de l'édit, dénoncer les contrevenants et les livrer à la justice ordinaire. C'était un luxe de précautions et de servitudes sous lesquelles eût succombé une industrie douée de moins de vitalité. Heureusement les habitudes furent plus fortes que la loi ; à quelques exceptions près, l'édit demeura une lettre morte : il resta comme une menace, et non comme un empêchement. Des arrêts du conseil d'État de 1754 et de 1760 n'eurent pas plus d'effet, et les deux décrets de l'Empire, en date de 1811 et 1812, tombèrent eux-mêmes et le plus naturellement du monde en désuétude. Exemples anciens ou récents dont il faudrait se mieux souvenir, et qui prouvent qu'en matière d'industrie la responsabilité ne se déplace pas sans résistance ni sans inconvénients.

Si la savonnerie de Marseille s'est maintenue au premier rang durant une si longue période et à travers tant de régimes, ce n'est ni aux édits, ni aux arrêts du conseil, ni aux décrets qu'il faut en reporter l'honneur ; c'est en elle-même, dans sa position, dans ses débouchés, dans le caractère des hommes qui l'ont honorée et perfectionnée, dans leur intérêt bien entendu, dans les traditions locales, dans une habileté de main transmise de génération en génération que se trouvent et se perpétuent les éléments de cette supériorité. Elle a pu ainsi se défendre et contre les attaques de ses concurrents et contre ses propres excès ; elle a fait sa police mieux

qu'aucun gouvernement n'aurait pu la faire. Menacée bien des fois, elle s'est toujours relevée avec
un certain éclat et a donné de durs démentis à ceux
qui la tenaient pour morte. Si elle a repoussé les
essais téméraires, jamais elle ne s'est refusée à un
progrès réel, et là où on la croyait à bout de voie
elle a trouvé des ressources inattendues. A l'appui
de cet éloge les faits ne manqueraient pas.

Sous l'Empire, et en plein blocus, on crut que la
savonnerie allait périr ou du moins désarmer. La
soude naturelle, cet aliment de la fabrication, lui
manquait; c'était d'Espagne qu'on la tirait, et nous
étions en guerre avec l'Espagne. Cette fois, le génie
de la science intervint et sauva l'industrie en péril.
Leblanc, un homme à qui la renommée n'a pas fait
la part qui lui est due, trouva la soude artificielle,
et cela avec une précision si grande et une telle
sûreté de combinaisons qu'elle est restée ce qu'il
l'a faite après un demi-siècle écoulé. Dès ce moment
la fabrication de savon eut pour accessoire la fabrication des produits chimiques et mit ses procédés
en harmonie avec cette découverte. Ce fut un premier pas en avant. Plus tard, et quand la soude
abonda, l'huile d'olive devint rare à son tour et
hors de prix. Bien des circonstances y contribuaient :

la mortalité des oliviers, l'intermittence des ré-
coltes, l'emploi plus général du produit, l'énor-
mité du droit qui le frappait à l'entrée, la concurrence
du pavillon étranger sur les lieux de provenance. Il
fallait aviser et avant tout rompre avec le préjugé
local, rompre aussi avec les édits de 1688 et les
décrets de l'Empire, qui ne voyaient point le bon
savon hors de l'huile d'olive pure. On essaya donc
des mélanges ; on se mit en quête d'autres oléagi-
neux. Déjà l'huile d'œillette était acceptée ; on songea
au lin et au ravison, qui ne répondirent pas à l'attente du fabricant, puis au sésame et à l'arachide,
dont le succès fut général. Désormais plus d'exclu-
sions ni de proscriptions ; tous les corps gras furent
appelés à donner la mesure de leur vertu et à se
faire une place par leurs services. C'est ainsi que la
savonnerie a marché, ne livrant rien au hasard,
mais ne négligeant aucune conquête, heureuse surtout quand le gouvernement la tenait en oubli et
ne frappait pas de droits excessifs, comme en 1844,
les matières premières qui lui servent d'aliment.

Aujourd'hui nous la retrouvons à l'exposition
avec ce caractère de simplicité qui est inséparable
de la force. Point d'étalage, point de vains ornements : une vitrine bien nue où des pains de savon

reposent sur les caisses qui leur ont servi d'enveloppe pendant le trajet, le tout sous l'étiquette suivante :

Production actuelle des savons de Marseille.

54 millions de kilogrammes pour la consommation
intérieure.

6 millions et demi pour l'exportation.

60 millions et demi.

Valeur 50 millions de francs.

C'est court, mais éloquent, et pourtant la foule
ne s'y arrêtera pas. Elle préférera les plans en relief de quelque industrie imaginaire ou le débit de
café à la vapeur que renferme la galerie de l'annexe.

Je me souviens d'une époque où la savonnerie
y mit plus d'apprêts et ne dédaigna pas un succès
de surprise. C'était en 1814 à la première rentrée des
Bourbons. Le comte d'Artois venait d'arriver à Marseille, et y avait trouvé l'accueil le plus enthousiaste
et le plus bruyant. On le promenait de fête en fête
au milieu des acclamations de la foule et des ha-
rangues de l'autorité. Dieu me garde d'entrer dans
les détails ! je n'insisterai que sur un point du programme. A nombre des curiosités locales et comme

preuve d'intérêt vis-à-vis d'une grande industrie, il avait été décidé que S. A. R. honorerait de sa visite une de nos principales fabriques de savon. C'était, il m'en souvient, celle de M. Payen, située sur les hauteurs de la vieille ville et qui avait été pavoisée et décorée pour la circonstance. Les ouvriers y étaient à leur poste, en habits de travail, les contre-maîtres aussi ; on devait donner au prince le spectacle d'une fabrication en miniature. Elle eut lieu en effet, et qu'en sortit-il? un buste de Louis XVIII, en savon, d'une blancheur transparente et sur le socle duquel on pouvait lire cette inscription :

IL EFFACE TOUTES LES TACHES.

L'hommage fut apprécié comme il devait l'être, l'allusion aussi. Qu'est devenu ce buste et à quoi a-t-il servi? Je l'ignore. Tout ce que je sais, c'est que la maison Payen, aujourd'hui Court de Payen, est restée à la tête de cette industrie et soutient dignement un nom honorable et honoré.

J'aurais tout dit sur la savonnerie de Marseille si, après s'être montrée si modeste dans sa vitrine, elle n'avait fait distribuer à la commission impériale une note pleine d'assez grosses prétentions. Voici de quoi il s'agit :

Marseille fait le meilleur savon de France, mais elle n'est pas seule à y faire du savon. Elle a vu s'élever des concurrences, et quelle industrie n'est pas dans ce cas? Elle les supporte avec peine et voudrait s'en délivrer; c'est de règle. Mais elle les accuse, elle les dénonce, elle appelle sur ses rivaux l'attention et les foudres de l'État; elle demande qu'on en revienne aux décrets de l'Empire, aux édits de Colbert ou à quelque chose d'approchant; elle consent à ce qu'on la ramène aux carrières, pourvu qu'on y conduise aussi ceux qui marchent sur ses brisées; elle crie à la fraude, à l'altération du produit, à la décadence de la fabrication, et, pour y mettre ordre, elle adjure le gouvernement de tirer quelques chaînes de ses vieux arsenaux afin de les arranger à son usage.

Voilà qui est plus grave et mérite examen. Il ne s'agit pas d'ailleurs d'un cas isolé : dans bien des industries il y a un penchant vers ces mesures extrêmes et comme un besoin de servitudes contre les abus de la liberté. A ce titre, la question s'agrandit et devient sérieuse.

Au fond, et pour s'occuper de Marseille, est-elle vraiment fondée à se plaindre? Où est le tort, où est le dommage qu'on lui fait? Dans l'approvisionne-

ment du pays elle compte pour la moitié environ;
dans l'exportation elle a à peu de chose près la to-
talité. Son travail, le travail d'une seule ville,
s'élève à 60 millions de kilogrammes, tandis qu'on
n'évalue pas à plus de 90 millions de kilogrammes
le travail du Royaume-Uni tout entier. L'Autriche ne
fabrique que 4 millions de kilogrammes de savon
et l'Espagne 8 millions; le reste de l'Europe en est
réduit à des chiffres insignifiants. Encore une fois,
est-ce le cas de se plaindre?

Si des quantités on passe aux qualités, l'avantage
reste encore à Marseille. Ailleurs, et même en
Angleterre, on en est encore à l'empirisme; point
d'amalgame fixe, point de procédé suivi. Les modes
varient comme les éléments; le savon est tantôt à
base de suif, tantôt à base d'huile de palme, parfois
d'huile de coco, souvent de résine, où nos voisins
excellent et dont ils usent largement. Or rien de
tout cela n'égale ce beau savon marbré, à la base
d'huile d'olive, qui a constitué de tout temps et
constitue aujourd'hui encore la supériorité de la
savonnerie marseillaise. C'est là vraiment une fabrication régulière, portant en elle-même ses garanties, reposant sur des doses exactes et qu'on ne
peut modifier impunément (6 à 7 pour 100 d'alcali,

59 à 60 pour 100 de corps gras, 30 à 35 pour 100
d'eau), donnant un produit qui ne se rancit ni ne
se détériore jamais, d'un beau manteau, d'une
odeur franche et qui n'a point de rival à l'emploi.
S'il en est ainsi et si ces faits sont avérés, d'où vient
tant de mauvaise humeur? Marseille est en première
ligne pour les quantités et les qualités; que lui faut-
il de plus?

Recherchons l'origine et l'objet de cette colère.

Il s'est fondé à Paris et dans sa banlieue des savonneries qui ne sont pas, dit-on, fort scrupuleuses
sur la qualité des matières qu'elles emploient, et
jettent indistinctement dans leurs chaudières des
suifs, des graisses, des oléines, tous les débris imaginables combinés avec quelques huiles de coco ou
des huiles de graines colorées en jaune ou en rouge.
De là des savons sans marbrure, que l'on nomme
dans le commerce *lisses, liquides, unicolores,* et que
l'on surcharge d'eau presque à volonté. C'est dans
l'excès d'eau que serait surtout la fraude, et aussi
dans un mode de vente des plus arbitraires que l'on
puisse imaginer. Avec l'habileté de main qui les
distingue, les fabricants de Paris ont su donner à
ces savons unicolores les apparences du produit le
mieux confectionné et, à défaut de qualités solides,

tout le prestige du coup d'œil. La pâte reçoit dans des moules ingénieux les formes les plus diverses, et se débite ensuite par fragments qui devraient peser un demi-kilogramme. C'est ce qu'on appelle la *vente au morceau*. Or il se trouve que ces morceaux d'un aspect si séduisant, au lieu du poids régulier de 500 grammes, n'en ont guère que 470 ou 475, c'est-à-dire 25 grammes de moins.

Ainsi d'une part excès d'eau, de l'autre déficit dans le poids : voilà, s'il faut en croire l'accusation, ce que l'on peut reprocher au savon unicolore de Paris. Et pourtant il est si bien coupé, d'une tournure si coquette, si adapté aux besoins courants, si commode et d'un si prompt débit que l'usage s'en répand de plus en plus, et qu'il tend à évincer des magasins de détail le savon loyal et honnêtement fabriqué. C'est à ce sujet que la savonnerie de Marseille jette feu et flamme : pour de si grands coupables, ce n'est pas trop que les anciens appareils de torture, combinés avec des appareils nouveaux, la marque obligatoire, l'interdiction de la vente au morceau, les saisies, les procès-verbaux, les confiscations, toutes les servitudes de Colbert et toutes les entraves de l'Empire.

Il serait temps d'en finir avec ces récriminations

et ces plaintes, bien souvent reproduites. Je crois qu'il est dans les habitudes des industries de se déprécier et de se calomnier elles-mêmes. Le moindre cri d'alarme jeté par une voix intéressée y trouve à l'instant des échos irréfléchis. La chose grossit de bouche en bouche; le ciron devient un éléphant. Au fond, dans toute industrie sérieuse, la fraude n'est que l'exception; la règle est la bonne foi. Quand ce ne serait pas une question d'honneur pour le fabricant, ce serait une question d'intérêt. La fraude, en effet, a rarement enrichi ceux qui s'y adonnent; si elle a des surprises, elle a aussi de cruels retours, et le délaissement est au bout. Rien ne vaut l'industrie régulière; elle conduit seule à la considération et à la fortune. Il se peut que par intervalles elle ait à souffrir de quelques écarts; mais ce sont là des épreuves où elle se retrempe, et c'est à elle que reste en définitive le dernier mot.

D'ailleurs n'est-ce pas sur ce mélange de bien et de mal que roulent toutes les relations humaines? Ne sommes-nous pas exposés chaque jour à choisir, à discerner, à accepter ce qui est bon, à rejeter ce qui est mauvais? N'avons-nous pas à nous défendre les uns des autres, à nous tenir en garde, à nous défier? S'il en est ainsi de toute chose, pourquoi

l'industrie constituerait-elle une exception? Dans
les transactions qu'elle crée il y a deux parties en
présence, un vendeur et un acquéreur. Que le vendeur sache mieux ce qu'il fait, que l'acquéreur
agisse un peu en aveugle, c'est ce qu'il est impossible de nier; mais vouloir suppléer à ce qui manque
de loyauté à l'un et d'intelligence à l'autre par une
intervention quelconque; vouloir que le gouvernement ait des yeux pour ceux qui ne voient pas et
impose le respect d'eux-mêmes à ceux qui l'oublient,
c'est entrer dans la voie des utopies, c'est imiter
ces sectes de fâcheuse mémoire qui prétendaient affranchir l'individu de toute responsabilité pour la
rejeter sur l'État, et mettaient à la charge de ce
dernier le souci et le soin de l'existence commune.

Plus on y songe, plus on découvre d'embarras et
de périls dans un aussi triste expédient. Aujourd'hui
c'est l'industrie du savon qui demande des règlements contre la fraude; demain ce sera une autre
industrie, tout aussi autorisée à le faire. A être
juste, il n'en est aucune qui n'y ait les mêmes droits.
Vous voulez que le savon que j'achète ait un poids
régulier et ne soit pas surchargé d'eau. Vous met-
tez le gouvernement en demeure d'y veiller. C'est
bien, mais ce n'est pas tout. Pourquoi n'exigerais-je

pas les mêmes garanties pour les autres articles que je consomme? Pourquoi ne serais-je pas protégé contre les étoffes mal fabriquées et les imperfections de la main-d'œuvre? Il y a des fraudes partout, et partout des victimes; ce n'est faire qu'une demi-justice que d'en réprimer quelques-unes en laissant le reste impuni. Il faut appeler l'œil de la police sur tous les objets imaginables; tous sont susceptibles d'être adultérés. Vite une armée d'agents, d'experts, de chimistes chargée de veiller à la sincérité des produits et à l'honnêteté des moyens de débit. Voilà où aboutit ce régime s'il veut être conséquent.

Que les industries sachent donc se protéger elles-mêmes; l'État est assez chargé de besogne pour qu'on lui épargne celle-là. D'ailleurs il la remplirait mal et tromperait l'espoir qu'on met en lui. Qu'il se réserve un droit de surveillance sur tout ce qui peut intéresser la santé et la vie de ses administrés, qu'il tienne dans une sorte de tutelle les denrées de première nécessité, soit; mais c'est là que se trouve la limite utile de son intervention. Hors de ce domaine restreint et qu'il vaut mieux réduire qu'agrandir, il ne trouverait que difficultés sans issue et inconvénients sans compensation. Le reste doit se passer

entre producteurs et consommateurs; c'est à eux de
se faire justice, et ils se la font certainement meilleure
que le gouvernement ne la leur ferait. De producteur à producteur, il y a la concurrence d'état qui
oblige à être honnête ceux mêmes qui ne le seraient
pas par tempérament. De producteur ou d'intermédiaire à consommateur, il y a la faculté de choisir
l'objet qui réussit le mieux à l'emploi et de porter
ses préférences vers l'établissement le mieux famé.
C'est ainsi que, d'une manière presque inaperçue,
tout homme et tout produit sont en fin de compte
mis à leur rang et appréciés à leur valeur sans qu'il
soit nécessaire pour cela d'avoir recours à ces instruments de contrainte renouvelés des anciens temps
et dont s'accommoderaient mal le génie et l'activité
modernes.

J'ai été sévère envers la note émanée de la savonnerie de Marseille, et je n'en cacherai pas le motif.
C'est qu'il m'est pénible de voir s'élever un vœu de
servitude manufacturière d'une ville où sont nées
tant et de si légitimes manifestations en faveur de la
liberté du commerce. C'est là plus qu'une inconsé-
quence, c'est une faute, et, qui plus est, une faute
gratuite. Rien en l'état des choses ne motivait cet
éclat. La savonnerie de Marseille est, Dieu merci,

robuste et saine; son exposition le prouve bien et jure avec le cri de désespoir qu'elle pousse. Elle a toujours sa légion de fabricants que le consommateur connaît et tient en haute estime. J'ai cité MM. Court de Payen ; il faudrait citer encore MM. Arnavon, Paranque, Milliau, Charles Roux, Roulet, Bonnefoy et vingt autres dont les noms m'échappent. Elle a un crédit bien établi et une supériorité de deux siècles, le témoignage public qui lui a été rendu à Londres et celui qui lui sera infailliblement rendu à Paris. Qu'elle s'apaise donc et n'appelle pas les proscriptions sur la tête de ses adversaires! Dans tout combat de ce genre, le champ de bataille reste en définitive aux plus honnêtes et aux plus intelligents. Marseille n'a rien à craindre sous ces deux rapports.

FIN.

TABLE DES MATIÈRES.

www.ingramcontent.com/pod-product-compliance
Ingram Content Group UK Ltd.
Pitfield, Milton Keynes, MK11 3LW, UK
UKHW021507090726
13657UKWH00001B/87